事業者必携

入門図解

2024年問題に対応！

労働時間・休日・休暇・休業の法律と手続き

社会保険労務士
小島 彰 ［監修］

三修社

はじめに

　平成30年（2018年）7月に成立した働き方改革法には、長時間労働の是正と多様で柔軟な働き方の実現、という目的があります。

　長時間労働の是正策として、使用者（事業主）は、前日の終業時刻と翌日の始業時刻との間に一定時間の休息を労働者のために設定するように努めなければなりません（勤務間インターバル制度）。また、労働時間の是正策としては、罰則付きの時間外労働の上限規制などが設けられており、大企業では平成31年4月から、中小企業では令和2年4月から施行されています。人材不足や長時間労働が常態化している建設業、運送・物流業界については、働き方改革関連法の施行後も時間外労働の上限規制の適用が5年間猶予されていましたが、いよいよ令和6年4月1日から適用されます。さらに、時間外労働に対して支払われる割増賃金率について、月60時間を超える分の時間外労働に関しては割増賃金率を50％以上とするという規制があります。また、10日以上の年次有給休暇（年休）が与えられる労働者に対して、使用者は、そのうちの5日について毎年時季を指定し、労働者に付与することが義務付けられています。

　このように多角的な観点から、長時間労働の是正をめざしていますが、労働者が活き活きと仕事をするためには、労働環境を整備する必要があります。労働時間・休日・休暇は、労働環境の重要な要素です。

　本書では、労働時間・休日・休暇に関する法律について、基本的な知識と必要な手続きについて、知識のない人でも読めるように解説することを心がけました。

　本書を縦横無尽にご活用いただき、皆様のお役に立てていただければ幸いです。

監修者　社会保険労務士　小島　彰

Contents

第2章　割増賃金の取扱い

第1章

労働時間・休日・休暇の
法律知識

労働時間と働き方改革について知っておこう

週40時間、1日8時間が労働時間の原則である

● 労働時間と法定労働時間についての規制

　労働時間とは、労働基準法上、休憩時間を除いて、現実に労働させている時間のことです。労働時間は、労働者が使用者の指揮命令の下に置かれたものといえるかどうかによって客観的に定まります。

　使用者は労働者に対して無制限に残業をさせることができるわけではありません。労働基準法は、原則として、「法定労働時間（週40時間、1日8時間）を超えて働かせてはならない」としています（労働基準法32条）。これに違反した場合には刑事罰（6か月以下の懲役または30万円以下の罰金）が科されます。ただし、この法定労働時間についての規制には、次のような例外があります。

① 1か月単位での平均が1週あたりの法定労働時間を超えない定めをした場合に、労使協定や就業規則などにより、特定の週または日に法定労働時間を超えて労働する場合（労働基準法32条の2）

② 労使協定かつ就業規則などにより、始業・就業時間をその労働者に委ねる場合（フレックスタイム制、労働基準法32条の3）

③ 労使協定により、1週あたりの法定労働時間を超えない範囲内で、1か月超～1年以内を対象期間とする場合（労働基準法32条の4）

④ 日ごとの業務に繁閑の差が生じることが多い事業の場合（労働基準法32条の5）

　このようにさまざまな要件がありますが、いずれも労働者側と使用者とが、事業の実情にあわせて労働時間を集中または分散できるようにするために定められたものです。労働時間の算定が困難な業種については、裁量労働制という働き方も認められています。事業内容、会

社規模などによる例外もあります。

● 働き方改革関連法とは

　平成30年（2018年）7月に働き方改革関連法が公布されました。これに伴い30以上の法律が改正されています。働き方改革関連法には、①働き方改革の総合的かつ継続的な推進、②長時間労働の是正と多様で柔軟な働き方の実現、③すべての雇用形態で労働者の公正な待遇を確保するという主な目的があります。企業にとっては、②長時間労働の是正と多様な働き方の実現や、③労働者の公正な待遇の確保に向けた労働環境の整備に取り組む責務が重要です。

①　働き方改革の総合的かつ継続的な推進

　働き方改革の目的を達成するため、労働者が有する能力を有効に発揮できるようにするための基本方針を国が定めることとされています。

②　長時間労働是正などに関する改正

　長時間労働の是正と多様で柔軟な働き方の実現については、具体的に、労働基準法の改正をはじめとする労働時間に関する制度の見直し、労働時間等設定改善法における勤務間インターバル制度の促進、労働安全衛生法における産業医などの機能の強化を中心とした改正が行われています。これらの改正は、原則として、平成31年（2019年）4月1日から施行されています（中小企業については取扱いが異なります）。ただし、建設業や自動車運転業務などの長時間労働規制については、令和6年4月1日からの施行となっています（104～105ページ）。

③　公正な待遇の確保に関する改正

　雇用形態にかかわらず労働者の公正な待遇を確保することについては、パートタイム・有期雇用労働法、労働契約法、労働者派遣法により、さまざまな雇用形態における不合理な待遇を禁止し、待遇差に関する説明を義務化する規定が整備された点が重要です。これらの改正は、原則として、令和2年（2020年）4月1日から施行されています。

労働時間の管理を徹底しよう

日頃から労働時間の管理を習慣化する

● 労働時間の管理がなぜ必要なのか

　時間外労働手当の計算を会社に都合よく計算できるのであれば、厳格な労働時間の管理は必要ありません。しかし、そのような計算をしていたところに、労働基準監督署の調査が入った場合、会社は多くのペナルティを受けることになります。たとえば、過去に遡って未払いの時間外労働手当を支給せざるを得なくなります。賃金請求権の消滅時効は3年（令和2年4月以降）ですから、最大で過去3年分の未払いの時間外労働手当を支払わざるを得なくなります。そうなると、会社経営を左右する金額の支出が必要となりかねません。

　そのようにならないためには、日頃から法律に基づいて労働時間を適正に把握・管理しなければなりません。この点は、平成29年（2017年）1月に厚生労働省から出された「労働時間の適正な把握のために使用者が講ずべき措置 に関するガイドライン」という通達が基準となり、下記のように定められています。

① 労働者の労働日ごとの始業・終業時刻を確認・記録すること
② 確認・記録の方法は、使用者が自ら現認するか、タイムカード、ICカード、パソコンの使用時間の記録などによること
③ 自己申告により確認・記録せざるを得ない場合は、適正に自己申告を行わせ、必要に応じて実態調査をすること

　労働基準監督署の調査が頻繁に入るわけではありませんが、調査対象になった段階で慌てて改善しようとしても、すでに不払いとなっている時間外労働手当は是正勧告の対象になります。リスクを将来にまわさないため、日頃から正しい労働時間管理が必要です。

● 法定内残業と時間外労働

　割増賃金を支払わなければならない「時間外労働」は、法定労働時間（原則として１週40時間、１日８時間）を超える労働時間です。したがって、労働基準法は、就業規則で定められた終業時刻後の労働のすべてに、割増賃金の支払を要求しているわけではありません。

　たとえば、ある会社の就業規則で９時始業、17時終業で、昼休み１時間と決められているのであれば、労働時間は７時間です。この場合には、18時まで「残業」しても、１日８時間の枠は超えていませんから時間外労働になりません。この残業を法定内残業といいます。法定内残業は時間外労働ではありませんから、使用者（会社）は、割増賃金ではなく通常の賃金を支払えばよいわけです。なお、この場合に使用者が割増賃金を支払うことについては問題ありません。

● どんなケースが危ないのか

　次のようなケースは「是正勧告」の対象となることがあります。

① **労働時間の記録がないため、「時間外労働がない」としているケース**

　この場合は「本当に時間外労働がない」という証拠が必要です。

② **労働日ごとに労働時間を30分単位で管理しているケース**

　労働時間は、１か月の合計では30分単位で端数調整を行うことができますが、労働日ごとでは１分単位で管理することが必要です。

③ **時間外労働時間の上限を設定し、それ以上の時間外労働を認めていないケース**

　三六協定で時間外労働時間の上限を設定していたとしても、現実にそれを超過して時間外労働をした場合には、すべての時間外労働時間に対し、時間外労働手当を支給しなければなりません。

④ **時間外労働を自己申告制とし、過少申告させているケース**

　「サービス残業」の典型ともいえるケースです。正しく申告するよ

うに指導しなければなりません。

● 時間外労働なしといえるには根拠が必要

　時間外労働手当は時間外労働をした場合に支払わなければならないものです。労働者の立場からすると、時間外労働をした証拠があるときにのみ時間外労働手当を請求できることになります。

　これに対し、使用者（会社）の立場からすると、労働基準監督署の調査が入ったときに、「時間外労働がないので手当を支払っていない」とするのであれば、時間外労働が本当にないことを証明する客観的な根拠が必要です。つまり、厚生労働省の通達に準拠した形で行われた労働時間管理の下で、時間外労働がないことを示す記録（たとえば、タイムカードへの打刻が定時であること）が必要です。

　また、私用で会社に居残る時間を時間外労働時間と明確に分けるために、別途「時間外労働時間の申告」をさせている場合、タイムカードに打刻された時刻から集計される会社に居残っている時間と、申告される時間外労働時間との間に大きな開きがあるときは、労働者に過少申告をさせていると疑義をもたれることもあります。時間外労働時

■ 割増賃金を支払う義務が生じる場合 ……………………………

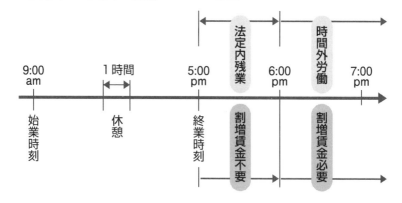

間に集計すべきではない私用の時間などは、別途記録を残すことも必要です。

● 労働時間の管理ができていない場合には是正をする

　実際は時間外労働を行わせているのに、時間外労働手当を支払っていない場合は、当然に労働基準法に反する違法状態となります。

　ただ、労働基準監督署の調査が頻繁には行われないため、労働時間の管理を曖昧にして時間外労働手当を支払っていない例も少なくありません。前述したように、時間外労働手当を支払わないということにも、時間外労働がなかったことを証明する客観的な根拠が必要です。

　労働基準監督署の調査を受けた際に、労働時間の管理ができていなかった場合は、それにより直ちに「残業隠し」を疑われ、実際は時間外労働を行わせていないとしても、労働基準監督署から「適正に労働時間の管理をしていない」として是正を受ける可能性があります。その場合は、さらに３か月程度に渡り、労働基準監督署に労働時間の管理についての報告を要求されることもあります。

　そして、このようなケースでは、時間外労働を隠している疑いをもたれますので、細部に渡り調査されることになります。したがって、十分な労働時間の管理ができていない会社は、厚生労働省の通達に準拠する形での労働時間の管理を徹底していかなければなりません。

　労働者の労働時間を把握・管理することは、仕事の効率化や賃金の計算などを行う上で非常に重要です。これを怠ると、業務遂行や経費の面で会社に損失を与えますから、直属の上司は管理責任を問われることにもなりかねません。たとえば、上司の許可を得ずに残業している部下を注意しないだけでも、残業を黙認した、ひいては残業を指示したことになってしまいますので、十分注意する必要があります。

建設業における働き方改革とは

令和6年4月1日から時間外労働は原則として月45時間・年間360時間までとなる

● 建設業における働き方が変わる

　建設業についても、11ページで述べた、働き方改革の目的を達成する必要がある点は、他業種と変わりません。しかし、建設業は、他の業種に比べて、作業の進捗状況などに応じて労働者の就業が長時間化する傾向があります。特に中小企業で建設業を営んでいる場合は、請負形式で建設作業を遂行しているケースも多く、注文主が指定する工期に合わせて計画的に建設作業を進めていかなければならず、労働者の休日を機械的に決定することが難しい状況にあります。

　このように、建設業では人材不足や長時間労働が常態化していることから、働き方改革関連法の施行後も、時間外労働（残業）の罰則付きの上限規制の適用については5年間の猶予期間が設けられ、令和6年（2024年）4月1日から適用されることになっています。

　具体的には、建設業ではこれまでは三六協定を締結し届出を行えば、上限時間なく残業させても労働基準法違反とはなりませんでした。しかし、令和6年4月1日からは、建設業であっても、その他の事業者と同様に、時間外労働は原則として月45時間・年間360時間までとなり、臨時的な特別の事情がなければこれを超えることができなくなります。また、臨時的な特別な事情があって労使間で合意する場合（特別条項）であっても、以下のルールを遵守しなければなりません。

・時間外労働が年720時間以内
・時間外労働と休日労働の合計が月100時間未満
・時間外労働と休日労働の合計について2～6か月平均80時間以内

・時間外労働が月45時間を超えることができるのは年6回まで

　また、特別条項の有無にかかわらず、1年を通して常に、時間外労働と休日労働の合計は月100時間未満、2〜6か月平均80時間以内にしなければなりません。たとえば、時間外労働が月45時間未満となっている場合であっても、時間外労働が40時間で休日労働が60時間であるというように、時間外労働と休日労働の合計が月100時間以上になると法律違反となってしまいます。

　これらの制限に違反した企業に対しては、6か月以下の懲役または30万円以下の罰則が科される可能性があります。

　ただし、令和6年（2024年）4月1日以降も、災害時における復旧・復興事業については、罰則付きの時間外労働の上限規制の一部の規定（時間外労働と休日労働の合計が月100時間未満、時間外労働と休日労働の合計が2〜6か月平均80時間以内）は適用されません。

● 建設工事における適正な工期設定等のためのガイドラインとは

　建設業においては、令和6年（2024年）4月1日以降は、本格的に働き方改革関連法の内容が適用されますが、その間の請負契約の当事者（発注者・受注者）が取り組むべき事項の指針が示されています。それが建設工事における適正な工期設定等のためのガイドライン（以下では「ガイドライン」と表記します）です。

　ガイドラインでは、発注者・受注者が対等な立場で請負契約を締結することを求めて、長時間労働を前提とする短期間の工期の設定にならないよう、適正な工期の設定を受注者の役割とし、施工条件を明確化して適正な工期を設定することを発注者の役割としています。その上で、建設工事に伴うリスクに関する情報を、発注者・受注者が共有して、役割分担を明確化することを求めています。そして、具体的な取組みとして、以下の事項を列挙しています（19ページ図）。

① 適正な工期設定・施工時期の平準化

　工期の設定にあたって、週休2日など、労働者の休日を確保することに努めるとともに、違法な長時間労働を助長する「工期のダンピング」（その工期によっては建設工事の適正な施工が通常見込まれない請負契約の締結）を禁止しています。

② 必要経費へのしわ寄せ防止

　公共工事設計労務単価の動きや生産性向上の努力などを勘案した積算・見積りに基づき、適正な請負代金の設定を求めています。

③ 生産性の向上

　建設工事全体を通じて、発注者・受注者双方が連携して、生産性を意識した施工を心がけることを求めています。たとえば、設計・施工などに関する集中検討（フロントローディング）の積極活用などが推奨されています。

④ 下請契約における取組み

　下請契約においても、適正な工期・下請代金を設定するとともに、特に労働者の賃金水準の確保に留意することを求めています。

⑤ 適正な工期設定のための発注者支援の活用

　工事の性質に応じて、外部機関（コンストラクション・マネジメント企業など）の支援を活用することを推奨しています。

● 「建設業働き方改革加速化プログラム」について

　長時間労働を是正する上では、労働時間の短縮に取り組むことはもちろんのこと、労働者の休日を確保することが重要です。そこで、週休2日の確保など、働き方改革に伴う取組みの一層の推進をめざして、建設業働き方改革加速化プログラム（以下では「プログラム」と表記します）が策定されています。プログラムは、①長時間労働の是正に関する取組み、②給与・社会保険に関する取組み、③生産性向上に関する取組み、という主に3つの柱により構成されています。

① 長時間労働の是正に関する取組み

　公共工事について、週休2日工事を大幅に拡大することをめざして、必要経費の計上に必要な労務費の補正などを導入し、週休2日制の導入を後押ししています。また、適正な工期の設定に必要な範囲で、ガイドラインの改訂についても言及しています。

② 給与・社会保険に関する取組み

　建設技能者について、令和6年（2024年）までに建設キャリアアップシステムへのすべての建設技能者の登録を推進するとともに、各自の技能や経験に応じた適正な給与の支払いを実現することを掲げています。また、社会保険に未加入の建設企業について、建設業の許可や更新を認めないしくみを構築し、社会保険への加入を建設業におけるスタンダードにすることを目標として提示しています。

■ 建設工事における適正な工期設定等のためのガイドライン …

【長時間労働の是正に向けた取組み】	
① 適正な工期設定・施工時期の平準化	● 休日の確保（週休2日） ● 機材などの準備期間、現場の片付けの期間の考慮 ● 降雨・降雪などの作業不能日数の考慮 ● 工期のダンピングの防止、予定工期内での工事完了が困難な場合の工期の適切な変更　など
② 必要経費へのしわ寄せ防止	● 社会保険の法定福利費などを見積書などに明示 ● 適正な請負代金による請負契約の締結　など
③ 生産性の向上	● 3次元モデルによる設計情報などの蓄積 ● フロントローディングの積極活用　など
④ 下請契約における取組み	● 日給制の技能労働者などの処遇水準の考慮 ● 一人親方についての長時間労働の是正や週休2日の確保　など
⑤ 適正な工期設定のための発注者支援の活用	● 外部機関（コンストラクション・マネジメント企業など）の活用

③　生産性向上に関する取組み

　公共工事の積算基準などを改善して、中小企業におけるICT活用を促すことや、生産性向上に取り組む建設企業を後押しする体制を構築することをめざします。また、IoTや新技術の導入などにより、施工品質の向上と省力化を図ることを求めています。

● 建設業界の取組み

　建設業における働き方改革として、時間外労働に関する罰則付きの限度時間への取組みは特に重要であり、令和6年（2024年）4月1日からの適用に向けて、入念に準備していく必要があります。

　他方で、働き方改革には、他にも勤務間インターバル制度の促進化や、パートタイム労働者や派遣労働者に対する公正な待遇の確保など、重要な改正が含まれています。

　そして、これらの改正は基本的には建設業においても適用されるため、時間外労働に関する上限規制以外にも、さまざまな事項に対する取組みが必要であることを認識しておく必要があります。

■ 建設業働き方改革加速化プログラム ……………………………

取組み	具体的な内容
長時間労働の是正	① 週休2日制の導入の後押し ② 発注者の特性を踏まえた工期の適正な設定の推進
給与・社会保険に関する取組み	① 技能・経験に応じた給与の実現 ② 社会保険加入のスタンダード化
生産性向上に関する取組み	① 生産性向上に取り組む建設企業の後押し ② 仕事の効率化 ③ 人材・資機材などの効率的な活用の促進

自動車運転業務で求められる働き方改革について知っておこう

2024年4月から運転手の時間外労働時間の上限が年間960時間となる

● 時間外労働時間には上限規制がある

　働き方改革関連法に伴う「時間外労働時間の上限規制」は、大企業では平成31年（2019年）4月から、中小企業では令和2年（2020年）4月から施行されています。しかし、建設業と同じく、人材不足や長時間労働が常態化している運送・物流業界（自動車運転業務）の規制については、働き方改革関連法の施行後も時間外労働の上限規制の適用については5年間の猶予期間が設けられ、令和6年（2024年）4月1日から適用されることになっています。

　具体的には、令和6年4月1日からは、後述するように、トラック、バスおよびタクシー、ハイヤーなどの運転手の時間外労働の上限が、臨時的な特別な事情がある場合であっても年間960時間（休日労働は含まれません）に制限されます。

● 時間外労働及び休日労働のルール

　労働基準法が定める法定労働時間は原則として1日8時間・1週40時間以内とされています。休日についても、労働基準法によって、少なくとも毎週1回与える必要があります。法定労働時間を超えて時間外労働をさせる場合や法定休日に労働させる場合は、労使協定（三六協定）を締結し、労働基準監督署に届け出なければなりません（99ページ）。

　三六協定で定める時間外労働の限度時間は、1か月45時間及び1年360時間（1年単位の変形労働時間制により労働させる労働者については、1か月42時間及び1年320時間）です。

臨時的にこれを超えて労働させる必要がある場合であっても、令和6年（2024年）4月1日からは、自動車運転の業務については年間960時間以内（休日労働は含まれません）としなければなりません。

年間960時間を超えて自動車運転の業務の労働者を働かせた場合は、6か月以下の懲役または30万円以下の罰則が科される可能性があります。

また、令和6年4月1日から「労働基準法第36条第1項の協定で定める労働時間の延長及び休日の労働について留意すべき事項等に関する指針」が全面適用されるため、労使当事者は、三六協定を締結する際には、指針の内容に十分留意しなければなりません。

● 「自動車運転者の労働時間等の改善のための基準」とは

上記以外にも、「自動車運転者の労働時間等の改善のための基準」（改善基準告示）が定められており、令和6年4月1日から、自動車運転の業務に時間外労働の上限規制が適用されるとともに、改善基準告示が定める拘束時間、休息期間、運転時間等の基準が適用されます。

改善基準告示は、トラック、バスおよびタクシー、ハイヤーなどの自動車運転業務の特性を踏まえ、労働基準法では規制が難しい拘束時間、休息期間、運転時間等の基準を定めています。

トラック、バスおよびタクシー、ハイヤーについてのそれぞれの改善基準告示の内容については図（23〜28ページ）のようになっています。

なお、改善基準告示に違反した場合、罰則はありませんが、国土交通省により行政処分が下される可能性があります。

処分を受けないためにも、事業者は改正基準告示の内容を確認し、ドライバーの労働環境を整備する必要があります。

■ トラック運転者の改善基準告示 ·····························

1年、1か月の拘束時間	**1年：3,300 時間以内　　1か月：284 時間以内** 【例外】労使協定により、次のとおり延長可（①②を満たす必要あり） 　　　　1年：　　3,400 時間以内 　　　　1か月：310 時間以内（年6か月まで） 　　　　① 284 時間超は連続3か月まで 　　　　② 1か月の時間外・休日労働時間数が 　　　　　　100 時間未満となるよう努める
1日の拘束時間	**13 時間以内（上限 15 時間、14 時間超は週2回までが目安）** 【例外】宿泊を伴う長距離貨物運送の場合（※1）、 　　　　16 時間まで延長可（週2回まで） ※1 1週間における運行がすべて長距離貨物運送（一の運行の走行距離が 450km 以上の貨物運送）で、一の運行における休息期間が住所地以外の場所におけるものである場合
1日の休息期間	**継続 11 時間以上与えるよう努めることを基本とし、9時間を下回らない** 【例外】宿泊を伴う長距離貨物運送の場合（※1）、 　　　　継続8時間以上（週2回まで） 　　　　休息期間のいずれかが9時間を下回る場合は、 　　　　運行終了後に継続 12 時間以上の休息期間を与える
運転時間	**2日平均1日：9時間以内　2週平均9週：44 時間以内**
連続運転時間	**4時間以内　運転の中断時には、原則として休憩を与える** 　　　　　　　（1回おおむね連続 10 分以上、合計 30 分以上） 　　　　　　　10 分未満の運転の中断は、3回以上連続しない 【例外】SA・PA 等に駐停車できないことにより、やむを 　　　　得ず4時間を超える場合、4時間 30 分まで延長可
予期し得ない事象	予期し得ない事象への対応時間を、1日の拘束時間、運転時間（2日平均）、連続運転時間から除くことができる（※2、3） 勤務終了後、通常どおりの休息期間（継続 11 時間以上を基本、9時間を下回らない）を与える ※2 予期し得ない事象とは、次の事象をいう 　・運転中に乗務している車両が予期せず故障したこと 　・運転中に予期せず乗船予定のフェリーが欠航したこと 　・運転中に災害や事故の発生に伴い、道路が封鎖されたこと又は道路が渋滞したこと

予期し得ない事象	・異常気象（警報発表時）に遭遇し、運転中に正常な運行が困難となったこと ※3：運転日報上の記録に加え、客観的な記録（公的機関のHP情報等）が必要。
特例	**分割休息（継続9時間の休息期間を与えることが困難な場合）** ・分割休息は1回3時間以上 ・休息期間の合計は、2分割：10時間以上、3分割：12時間以上 ・3分割が連続しないよう努める ・一定期間（1か月程度）における全勤務回数の2分の1が限度
	2人乗務 **（自動車運転者が同時に1台の自動車に2人以上乗務する場合）** 　身体を伸ばして休息できる設備がある場合、拘束時間を20時間まで延長し、休息期間を4時間まで短縮可
	【例外】設備（車両内ベッド）が※4の要件を満たす場合、 　　　　次のとおり、拘束時間をさらに延長可 　　　　・拘束時間を24時間まで延長可（ただし、運行終了後、 　　　　　継続11時間以上の休息期間を与えることが必要） 　　　　・さらに、8時間以上の仮眠時間を与える場合、 　　　　　拘束時間を28時間まで延長可
	※4：車両内ベッドが、長さ198cm以上、かつ、幅80cm以上の連続した平面であり、かつ、クッション材等により走行中の路面等からの衝撃が緩和されるものであること
	隔日勤務（業務の必要上やむを得ない場合） 　2暦日の拘束時間は21時間、休息期間は20時間
	【例外】仮眠施設で夜間4時間以上の仮眠を与える場合、2暦日の拘束時間を24時間まで延長可（2週間に3回まで） 　　　　2週間の拘束時間は126時間（21時間×6勤務）を超えることができない
	フェリー ・フェリー乗船時間は、原則として休息期間（減算後の休息期間は、フェリー下船時刻から勤務終了時刻までの間の時間の2分の1を下回ってはならない） ・フェリー乗船時間が8時間を超える場合、原則としてフェリー下船時刻から次の勤務が開始される
休日労働	休日労働は2週間に1回を超えない、休日労働によって拘束時間の上限を超えない

(注1) 改善基準告示とは、「自動車運転者の労働時間等の改善のための基準」（平成元年労働省告示第7号）をいう。
(注2) 本表は、令和4年厚生労働省告示第367号による改正後の改善基準告示の他、関連通達（令和4年基発1223第3号）の内容を含めて作成したもの。令和6年4月1日から適用される。

1か月（1年）、4週平均1週（52週）の拘束時間	①②のいずれかを選択	**① 1か月（1年）の基準** **1年：3,300時間以内　1か月：281時間以内** 【例外（貸切バス等乗務者（※1）の場合）】 　労使協定により、次のとおり延長可 　1年　：3,400時間以内 　1か月：294時間以内（年6か月まで） 　281時間超は連続4か月まで ※1：貸切バス乗務者、乗合バス乗務者（一時的需要に応じて運行されるもの）、高速バス乗務者等 **② 4週平均1週（52週）の基準** **52週：3,300時間以内　4週平均1週：65時間以内** 【例外（貸切バス等乗務者（※1）の場合）】 　労使協定により、次のとおり延長可 　52週：3,400時間以内 　4週平均1週：68時間以内（52週のうち24週まで） 　65時間超は連続16週まで
1日の拘束時間		13時間以内（上限15時間、14時間超は週3回までが目安）
1日の休息時間		継続11時間以上与えるよう努めることを基本とし、9時間を下回らない
運転時間		2日平均1日：9時間以内　4週平均1週：40時間以内 【例外（貸切バス等乗務者（※1）の場合）】 　労使協定により、4週平均1週44時間まで延長可 　（52週のうち16週まで）
連続運転時間		4時間以内（運転の中断は1回連続10分以上、合計30分以上） 高速バス・貸切バスの高速道路の実車運行区間の連続運転時間は、おおむね2時間までとするよう努める 【例外】緊急通行車両の通行等に伴う軽微な移動の時間を、30分まで連続運転時間から除くことができる
予期し得ない事象		予期し得ない事象への対応時間を、1日の拘束時間、運転時間（2日平均）、連続運転時間から除くことができる（※2、3） 勤務終了後、通常どおりの休息期間（継続11時間以上を基本、9時間を下回らない）を与える ※2　予期し得ない事象とは、次の事象をいう 　・運転中に乗務している車両が予期せず故障したこと

予期し得ない事象	・運転中に予期せず乗船予定のフェリーが欠航したこと ・運転中に災害や事故の発生に伴い、道路が封鎖されたこと又は道路が渋滞したこと ・異常気象（警報発表時）に遭遇し、運転中に正常な運行が困難となったこと ※3：運転日報上の記録に加え、客観的な記録（公的機関のHP情報等）が必要。
特例	**分割休息（継続9時間の休息期間を与えることが困難な場合）** ・分割休息は1回4時間以上　・休息期間の合計は11時間以上 ・2分割のみ（3分割以上は不可） ・一定期間（1か月）における全勤務回数の2分の1が限度
	2人乗務 **（自動車運転者が同時に1台の自動車に2人以上乗務する場合）** 　※4の要件を満たす場合、拘束時間を19時間まで延長し、休息期間を5時間まで短縮可 ※4：身体を伸ばして休息できるリクライニング方式のバス運転者の専用座席が1席以上あること
	【例外】①②のいずれかの場合、拘束時間を20時間まで延長し、休息期間を4時間まで短縮可 　① 車両内ベッドが設けられている場合 　② ※4を満たし、カーテン等で他の乗客からの視線を遮断する措置を講じている場合
	隔日勤務（業務の必要上やむを得ない場合） 　2暦日の拘束時間は21時間、休息期間は20時間
	【例外】仮眠施設で夜間4時間以上の仮眠を与える場合、2暦日の拘束時間を24時間まで延長可（2週間に3回まで） 2週間の拘束時間は126時間（21時間×6勤務）を超えることができない
	フェリー ・フェリー乗船時間は、原則として休息期間（減算後の休息期間は、フェリー下船時刻から勤務終了時刻までの間の時間の2分の1を下回ってはならない） ・フェリー乗船時間が9時間を超える場合、原則としてフェリー下船時刻から次の勤務が開始される
休日労働	休日労働は2週間に1回を超えない、休日労働によって拘束時間の上限を超えない

(注1) 改善基準告示とは、「自動車運転者の労働時間等の改善のための基準」（平成元年労働省告示第7号）をいう。
(注2) 本表は、令和4年厚生労働省告示第367号による改正後の改善基準告示の他、関連通達（令和4年基発1223第3号）の内容を含めて作成したもの。令和6年4月1日から適用される。

■ タクシー・ハイヤー運転者の改善基準告示 ·······················

日勤	1か月の拘束時間	288時間以内
	1日の拘束時間	13時間以内 （上限15時間、14時間超は週3回までが目安）
	1日の休息期間	継続11時間以上与えるよう努めることを基本とし、 9時間を下回らない
隔勤	1か月の拘束時間	262時間以内（※1） ※1 地域的その他特別な事情がある場合、労使協定により270時間まで延長可（年6か月まで）
	2暦日の拘束時間	22時間以内、かつ、2回の隔日勤務を平均し 1回あたり21時間以内
	2暦日の休息期間	継続24時間以上与えるよう努めることを基本とし、 22時間を下回らない
車庫待ち等の自動車運転者（※2）	日勤	1か月の拘束時間： 　288時間以内（労使協定により1か月300時間まで延長可） 1日の拘束時間： 以下の要件を満たす場合、1日24時間まで延長可 　・勤務終了後、継続20時間以上の休息期間を与える 　・1日16時間超が1か月について7回以内 　・夜間4時間以上の仮眠時間を与える（18時間超の場合） ※2：車庫待ち等の自動車運転者とは、次の要件を満たす者をいう。 　・事業場が人口30万人以上の都市に所在していないこと 　・勤務時間のほとんどについて「流し営業」を行っていないこと 　・夜間に4時間以上の仮眠時間が確保される実態であること 　・原則として、事業場内における休憩が確保される実態であること
	隔勤	1か月の拘束時間： 　262時間以内（労使協定により1か月270時間まで延長可） 　（さらに、※3の要件を満たす場合、10時間を加えた時間まで延長可） 2暦日の拘束時間： 　※3の要件を満たす場合、24時間まで延長可 ※3：2暦日22時間超及び2回の隔日勤務の平均が21時間超の回数が1か月について7回以内 　・夜間4時間以上の仮眠時間を与える

予期し得ない事象	予期し得ない事象への対応時間を、1日と2暦日の拘束時間から除くことができる（※4、5） 勤務終了後、休息期間（1日勤務：継続11時間以上、2暦日勤務：継続24時間以上）が必要
	※4：予期し得ない事象とは、次の事象をいう。 ・運転中に乗務している車両が予期せず故障したこと ・運転中に予期せず乗船予定のフェリーが欠航したこと ・運転中に災害や事故の発生に伴い、道路が封鎖されたこと又は道路が渋滞したこと ・異常気象（警報発表時）に遭遇し、運転中に正常な運行が困難となったこと ※5：運転日報上の記録に加え、客観的な記録（公的機関のHP情報等）が必要。
休日労働	休日労働は2週間に1回を超えない、休日労働によって拘束時間の上限を超えない
累進歩合制度	累進歩合制度は廃止する （長時間労働やスピード違反を極端に誘発する恐れがあり、交通事故の発生も懸念されるため）

ハイヤー	・労使当事者は、36協定の締結にあたり、以下の事項を遵守すること 　→ 時間外労働時間は、1か月45時間、1年360時間まで 　→ 臨時的特別な事情で限度時間を超えて労働させる場合にも、1年960時間まで ・36協定において、時間外・休日労働時間数をできる限り短くするよう努めること ・疲労回復を図るために必要な睡眠時間を確保できるよう、勤務終了後に一定の休息期間を与えること

（注1）改善基準告示とは、「自動車運転者の労働時間等の改善のための基準」（平成元年労働省告示第7号）をいう。
（注2）本表は、令和4年厚生労働省告示第367号による改正後の改善基準告示の他、関連通達（令和4年基発1223第3号）の内容を含めて作成したもの。令和6年4月1日から適用される。

28

「労働時間」に該当するのは
どのような場合なのか

使用者の指揮命令の下に置かれている時間といえるかがポイントとなる

● 労働基準法における「労働時間」とは

　労働基準法における「労働時間」とは、「労働者が使用者の指揮命令の下に置かれている時間」のことをいいます。

　労働時間に該当するかどうかは、労働契約や就業規則などの定めによって決定されるのではなく、客観的に、労働者の行為が使用者から義務付けられたものといえるかどうかなどによって判断されます。

　労働時間についてまとめると、31ページの図のようになります。

● 労働時間に該当するものと該当しないもの

　以下では、労働時間に該当するかどうかが問題となるものについて説明します。

① 作業準備、作業後の整理

　仕事をするために通常必要とされる準備や整理の作業は、労働時間にあたります。

② 始業前の掃除、お茶の準備、朝礼への参加など

　始業前の掃除、お茶の準備、朝礼への参加については、使用者が命じていれば労働時間にあたります。使用者の命令がなくても、職場の清掃は、業務遂行上必要な準備作業ですから労働時間にあたります。一方、お茶の準備は、業務遂行上必要不可欠なものとは考えられませんが、お茶の準備をしなければ査定上不利に扱われ、その結果命令されているのも同然という場合には労働時間といえます。

③ 作業服の着替え、保護服の着用

　銀行員の制服のように、労働者が所定の作業服の着用を義務付けら

れている場合や危険な工場で働く労働者のように、法令で作業服や保護具（安全靴など）の着用が義務付けられている場合は、これを着用するための時間は労働時間になります。

④ 手待時間

　手待時間とは、実際には作業をしていないものの、業務が発生したときには直ちに作業を行えるよう待機している時間のことです。たとえば、休憩時間に電話番をするために職場を離れられず居残りをする場合における、電話を待っている時間などです。

　手待時間については、実際に作業をしていなくても、使用者はいつでも労働者に命じて作業をさせることができる時間であり、労働者は私的な活動を制限されている時間といえます。そのため、「労働者が使用者の指揮命令の下に置かれている時間」といえることから、労働時間にあたります。

⑤ 朝礼、職場体操

　朝礼や職場体操は、労働者に参加が義務付けられていなければ労働時間にはなりませんが、参加しなければ査定で不利に扱われるというような場合には労働時間となります。始業前のラジオ体操の時間は労働時間ではないとする裁判例もあります。

⑥ 教育、研修、訓練

　教育、研修、訓練の参加は、使用者の命令があれば労働時間になります。また、参加しなければ事実上不利益な扱いがなされるため、結果として参加が強制される場合も、労働時間となります。一方、研修への参加が完全に労働者の自由に委ねられているようなものについては、そのような研修に参加しても労働時間とは認められません。

⑦ 勉強会、サークル活動

　使用者に強制されず、労働者が自主的に行う勉強会やサークル活動は、労働時間にはあたりません。ただし、表面上は「自主活動」であっても、実際には、使用者の業務命令によって行われていたり、参

加しなければ事実上不利益な扱いがなされる場合は、労働時間にあたります。

⑧　休憩時間

　休憩時間は使用者から離れて自由となることが保障されている時間です。これは労働時間には入りません。ただ、休憩時間も広い意味では使用者の拘束の下に置かれているということになりますから、休憩時間と労働時間をあわせて拘束時間といいます。労働基準法は、拘束時間の長さについては規制していません。

⑨　出張に伴う移動時間

　出張のために電車に乗っていた時間は「移動中も商品の監視を命じられている」というような特別の指示がない限り労働時間にはあたらないとされています。毎日の通勤時間と同じように考えられるからです。ただし、重要書類や貴金属・機材を運搬している場合や、重要人物の警護・介護など移動中も業務をしているといえるような特別の事情がある場合には、出張に伴う移動時間も労働時間と認められます。

⑩　介護サービスを利用した場合の移動時間

　超高齢化社会の到来に伴い、近年では、在宅の介護サービスを提供

■ 所定労働時間・法定労働時間 ……………………………………

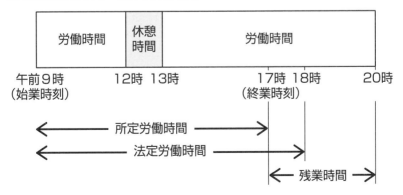

する事業者も増えてきていますが、介護サービスを行う労働者がサービス利用者の自宅へ移動する時間は労働時間に該当します。

　また、緊急の介護のために、待機している時間についても労働者に自由がなく、拘束されていると認められれば労働時間に該当します。

⑪　仮眠時間

　仮眠時間であっても、一定の場合には労働時間として認められます。たとえば、2人乗務のトラックにおいて、運転しない一方の運転手が助手席で仮眠する場合などには、その時間を労働時間の一部としてとらえます。最高裁判所の判例では、仮眠中、何かあれば起きて仕事をしなければならないという場合は、仮眠時間で実際に寝ていても労働時間としてカウントするとしています。

● 健康診断を受診している時間は労働時間にあたるのか

　労働安全衛生法により、事業者は労働者に健康診断を受けさせなければならないとされています。このように、労働者の健康診断の受診が事業者の義務とされていますが、健康診断を受診する時間も、労働基準法上の「労働時間」に該当するのでしょうか。

■ 労働基準法上の「労働時間」に該当するもの・しないもの　…

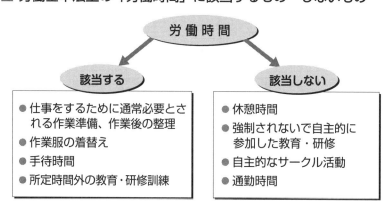

労 働 時 間

該当する
- 仕事をするために通常必要とされる作業準備、作業後の整理
- 作業服の着替え
- 手待時間
- 所定時間外の教育・研修訓練

該当しない
- 休憩時間
- 強制されないで自主的に参加した教育・研修
- 自主的なサークル活動
- 通勤時間

32

結論としては、一般的な健康診断、つまり雇入時の健康診断や定期健康診断に要した時間は、労働時間ではないと解釈されています。つまり、行政解釈は健康診断について、「受診のために要した時間については、当然には事業者の負担すべきものではなく、労使協議によって定めるべきものであるが、労働者の健康の確保は、事業の円滑な運営の不可欠な条件であることを考えると、その受診に要した時間の賃金を事業主が支払うことが望ましい」と示しています。

　一方、有害な業務に従事する労働者に対して行われる特殊健康診断は、業務の遂行上不可欠であることからその実施時間は労働時間にあたります。

　なお、近年の高年齢化の進展に伴う脳・心臓疾患につながる所見を有する労働者や、メンタルヘルスの問題を抱える労働者の割合も増加傾向にあり、事業者にとって労働者の健康状態の把握が業務遂行上不可欠なものへと変化しています。したがって、一般の健康診断についても、特殊健康診断と同様に労働時間として扱うべきであるという見解もあります。

■ 健康診断の実施 ･･

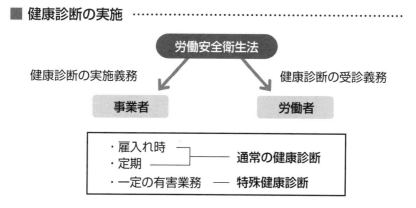

6 休憩時間について知っておこう

● 休憩時間は自由に利用できるのが原則である

　休憩時間とは、労働者が労働から離れることを保障された時間であり、労働時間の途中に置かれるものをいいます。労働基準法は、休憩時間について一定のルールを定めており、使用者は労働者に対し、原則として、1日の労働時間が6時間を超える場合は45分以上、8時間を超える場合は1時間以上の休憩時間を与えなければならないとしています。

　休憩時間は、労働時間の途中に、一斉に与えなければなりません（一斉付与の原則）。多くの会社では、一斉に休憩する時間を昼食時に設定しています。休憩時間を一斉に与えなければならないのは、バラバラに休憩をとることで、休憩時間を十分にとることができなかったり、休憩時間が短くなったりする労働者が出たりすることを防ぐためです。ただし、労使協定を結んでいる場合など、一定の場合には例外的に交替で休憩させることが認められています。

　休憩時間中は、労働者を拘束してはならず、労働者に休憩時間を自由に利用させなければならないのが原則です（自由利用の原則）。そのため、使用者は休憩時間中の労働者の行動を制約することは、原則としてできません。ただし、労働者は、会社が事業を円滑に運営していくために、一定の秩序を遵守する義務を負っています（企業秩序遵守義務とも呼ばれます）。そこで、企業秩序に照らし、休憩時間中の行動について、労働者に一定の制約を課すことが許される場合があります。

　以下、それぞれのケースを見ていきましょう。

① 　外出

　労働者は休憩時間中、自由に外出できるのが原則です。ただし、事

業場の中で自由に休憩できるのであれば、外出について所属長などの許可を必要とすることも認められます。

② 勉強会

労働者が自主的に、休憩時間中に勉強会を行っている場合は問題ありませんが、使用者が勉強会への参加を強制している場合（事実上の強制も含みます）は、休憩時間自由利用の原則に反します。たとえば、休憩時間中に使用者が労働者全員を講堂に集めて強制的に勉強会をすることは許されません。

③ 電話番

電話番をさせるのは、休憩室で休憩しながらであっても、労働から完全に解放されていないので、自由利用の原則に反します。

④ 組合活動

組合活動は憲法で保障された権利なので、労働者が休憩時間を利用して組合活動を行うことは自由です。ただし、職場秩序を乱す恐れのあるビラ配布や演説などは、懲戒処分の対象となる場合があります。

⑤ 政治活動

政治活動の具体的な内容に照らして、企業内の秩序を乱す恐れがない場合には、休憩時間中の政治活動も許されると考えられています。

■ 休憩時間に関する労働基準法の定め ……………………………

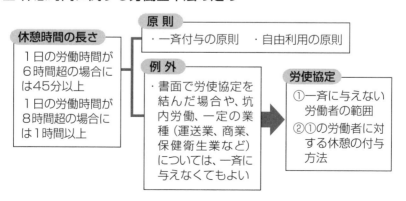

一斉休憩の適用除外に関する労使協定書

　株式会社○○○○とその従業員代表○○○○は、休憩時間について下記のとおり協定する。

記

第1条　営業の業務に従事する従業員については、グループ別に交替して休憩時間を与えるものとする。

第2条　各グループの休憩時間は、次に定めるとおりとする。
　　　　第1グループ：午前11時から正午
　　　　第2グループ：正午から午後1時
　　　　第3グループ：午後1時から午後2時

第3条　出張、外回りなどの外勤のため、本人の所属グループの時間帯に休憩時間を取得することができない場合には、所属グループ長が事前に指定して他のグループの休憩時間の時間帯を適用する。

第4条　本協定は令和○年○○月○○日から効力を発する。

令和○年○○月○○日

　　　　　　　　　　　　　　　　株式会社　　○○○○
　　　　　　　　　　　　　　　代表取締役　　○○○○　㊞
　　　　　　　　　　　　　　　従業員代表　　○○○○　㊞

7 勤務間インターバルについて知っておこう

終業時刻から翌日の始業時刻までの休息時間を確保する制度

● どんな制度なのか

　勤務間インターバル制度とは、労働者が1日の勤務が終了（終業時刻）してから、翌日の勤務が開始（始業時刻）するまでの間に、一定時間以上の間隔（インターバル）を確保する制度です。終業時刻から翌日の始業時刻までの間に休息時間（勤務間インターバル）を設けて、労働者の長時間労働を解消することが目的です。

　たとえば、始業時刻が午前9時の企業が「11時間」の勤務間インターバルを定めている場合、始業時刻に労働者が勤務するためには、原則として前日の終業時刻が午後10時前でなければなりません。

　企業が勤務間インターバル制度を導入する場合、大きく2つの意義があります。1つは、一定の時刻に達すると、それ以後、労働者は残業ができなくなるということです。もう1つは、一定の休息時間が確保され、労働者の生活時間や十分な睡眠時間を確保し、労働者のワークライフバランスの均衡を保つことが推進される点です。

● どんな問題点があるのか

　勤務間インターバル制度によって始業時刻が繰り下げられた場合、繰り下げられた時刻に相当する時間の賃金に関する問題があります。

　たとえば、繰り下げられた時間については、労働免除として取り扱う方法が考えられます。労働免除が認められると、繰り下げられた時間分については、労働者は賃金を控除されることがありません。

　しかし、これを企業側から見ると、労働者ごとに労働時間の繰り下げなどの管理を適切に行う必要があるとともに、労働者同士の公平性

にも配慮しなければならないという負担がかかります。

　このように、勤務間インターバル制度は、労働者の健康や安全を確保するのに役立つ制度である一方で、労働者にとって重大な関心事である賃金に対して影響を与える恐れがあるため、その導入に際しては、労使間で事前に明確な合意に至っている必要があります。

● 就業規則にも規定する必要がある

　労働時間等設定改善法によって、勤務間インターバル制度の導入が企業の努力義務となっています。つまり、長時間労働の改善について企業側の意識の向上が求められているということです。そこで、企業が勤務間インターバル制度を導入する場合には、就業規則などに明確に規定を置き、特に繰り下げた時間に相当する賃金の問題などについても、事前に明確にしておくことが望まれます。

■ 勤務間インターバルとは ……………………………………

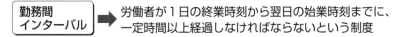

勤務間インターバル　➡　労働者が1日の終業時刻から翌日の始業時刻までに、一定時間以上経過しなければならないという制度

（例）勤務間インターバルが『11時間』の場合

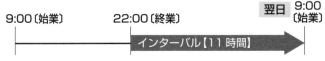

9:00〔始業〕　　22:00〔終業〕　　翌日 9:00〔始業〕

インターバル【11時間】

∴翌日9:00始業のためには22:00には終業しなければならない

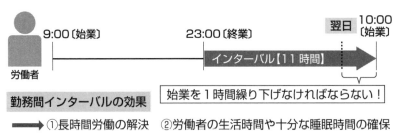

労働者

9:00〔始業〕　　23:00〔終業〕　　翌日 10:00〔始業〕

インターバル【11時間】

始業を1時間繰り下げなければならない！

勤務間インターバルの効果

➡　①長時間労働の解決　②労働者の生活時間や十分な睡眠時間の確保

8 法定休日と休日労働について知っておこう

労働基準法は最低限必要な休日を定めている

●「週1日の休日」が労働基準法の原則である

　労働基準法における「休日」とは、労働契約上、労働の義務がない日のことをいいます。また、労働基準法上、使用者が労働者に必ず与えなければならない休日のことを「法定休日」といいます。

　休日は毎週決まった日としなければならないものと考えている人も多いと思いますが、労働基準法はそのようには規定していません。労働基準法は、法定休日について、毎週少なくとも1回の休日を与えなければならないとしているだけであり、必ず休日を特定しなければならないとはしていません。また、最低週1回の休日を与えなければならないとしているだけで、週休2日制とすることも求めていません。

　このように、労働基準法では休日をあらかじめ特定することは求められていませんが、行政指導によって、就業規則において休日を特定するようことを推奨しています。そのため、ほとんどの企業では、就業規則の中で「○曜日（たいていは日曜日）を法定休日とする」などと定めており、特定の曜日を休日にすることとしています。また、週休2日制を採用している会社も多いのは周知のとおりです。

● 変形週休制とは

　前述したように、労働基準法は最低週1回の休日を与えることを原則としていますが、毎週1日以上の休日を与えるのではなく、「4週間を通じて4日以上の休日を与える」とすることもできます。これを変形週休制といいます。

　変形週休制を採用する場合には、週休1日の原則は適用されません。

休日を付与する単位となる「週」については、必ずしも日曜日から土曜日までででなくともよく、継続した7日間であればよいことになっています。そのため、変形週休制を採用した場合において、休日のない週があってもよく、結果として労働者に4週で4日以上の休日が与えられていればよいことになります。

　たとえば、第1週では休日は1日、第2週では休日はゼロ、第3週では休日は2日、第4週では1日、というような休日の定め方も可能です。

　なお、変形休日制を採用する場合には、就業規則その他これに準ずるものに、4日以上の休日を与えることとする4週間の起算日を明らかにする必要があります。

● 労働基準法は法定休日の労働を禁じている

　法定休日における労働を「休日労働」といい、使用者は、休日労働をさせることができないのが原則とされています。「1週1日」または「4週で4日」の法定休日は、労働者が人間らしい生活をするために最低限必要なものだといえるからです。

　使用者が休日労働をさせるためには、当該事業場の過半数代表との間で書面による労使協定（三六協定）を締結し、所轄労働基準監督署長に届け出る必要があります。その他に、災害その他避けることのできない事由によって臨時の必要がある場合には、使用者は休日労働をさせることができます。

　なお、週休2日制を採用している場合、2日の休みのうち1日は法定休日ではない休日（「法定外休日」または「所定休日」といいます）ですから、所定休日に労働をさせても、休日労働にはなりません。

　使用者は、休日労働をさせる場合、割増賃金の支払義務が生じます。

◉ 休暇は休日とは異なる

　労働者の申出により労働が免除される日を「休暇」といいます。たとえば、慶弔休暇、夏季休暇、年末年始休暇などです。

　休日が、労働契約上、労働義務のない日をいうのに対し、休暇は、労働義務のある日に、申出によって労働が免除される日をいいます。

　労働者が取得することのできる休暇は就業規則などで定められます。労働基準法が規定する休暇は年次有給休暇です。「年休」「有給休暇」などと略して呼ばれることの方が多いといえます。これらの休暇は、就業規則で定めることになっています。

　その他にも、大企業を中心に導入されている休暇として、裁判員休暇があります。裁判員休暇は、会社の従業員が裁判員候補者に選ばれた場合において、その従業員が裁判員の仕事に従事するための休暇です。裁判員となった人は、刑事裁判に参加するために、3～5日程度、裁判所に行かなければなりません。刑事裁判は、平日の午前から昼間の間に行われますから、裁判員に選ばれた従業員は会社を休む必要があるため、このような休暇の制度が採用されています。

■ 休日についての労働基準法上のルール ……………………

休日の定め	
①最低週1回の休日（法定休日）を与えなければならない	例外として、4週を通じて4日以上の休日を与えることもできる（変形週休制）
②法定休日の労働を命じることはできない	例外として、災害などの避けられない事情によって臨時の必要がある場合や、労使協定（三六協定）を結んだ場合は、休日労働が許される

ただし、割増賃金を支払わなければならない

具体的な決まりは就業規則に記載する

社内のルールブックである

なぜ就業規則が必要なのか

　就業規則とは、会社にとって必要不可欠なルールブックです。経営者の頭の中にある社内のルールや、法律で定められた事項などを社内の全員に同じように適用することによって、従業員の行動の統一化を図ります。労働基準法89条には、「常時10人以上の労働者を使用する使用者は、(中略) 就業規則を作成し、行政官庁に届け出なければならない」と規定されています。この要件に該当する会社は、就業規則を作成し、かつ届け出ることを法的に義務付けているのです。これに違反して就業規則を作成・届出をしないと、30万円以下の罰金が科せられます。

　なお、他社へ派遣労働者を派遣している派遣元の使用者については、派遣労働者とそれ以外の労働者を合わせて常時10人以上の労働者を使用している場合は、就業規則を作成し、届け出なければなりません。その場合は、派遣労働者とそれ以外の労働者の共通の就業規則を作成するか、それぞれ専用の就業規則を作成するか、どちらでも差し支えないとされています。

3種類の記載事項がある

　労働基準法によると、就業規則に必ず明記しなければならない事項を「絶対的必要記載事項」といい、会社に定めを置く場合は記載しなければならない事項を「相対的必要記載事項」といいます。また、これらの必要的記載事項の他に、就業規則への記載するかどうかは会社の任意である「任意的記載事項」もあります。

　以下では、具体的な記載事項について見ていきましょう。

① 絶対的必要記載事項

　就業規則に必ず記載しなければならない事項で、そのうちの一つでも記載がないと30万円以下の罰金という刑事罰が科されます（労働基準法120条1号）。ただし、絶対的必要記載事項が欠けていても、他の要件を備えている限り、就業規則としては有効になります。

・始業・終業の時刻、休憩時間、休日・休暇、労働者を2組以上に分けて交替に就業させる場合における就業時転換に関する事項

　「始業・終業の時刻」とされているため、労働時間として単に「1日8時間、週40時間」と定めているだけでは不十分です。「休憩時間」には、長さ・付与時刻・与え方など具体的に定めます。「休日」には、日数・与え方・振替え・代休などを定めます。「休日は週1回」とだけ規定すれば、法律上は曜日を特定しなくてもかまいませんが、「日曜日とする」など、できるだけ曜日を特定すべきです。「休暇」には、年次有給休暇、生理休暇、産前産後休業、育児休業・介護休業などの法律上の休暇や休業に加え、夏季休暇、年末年始休暇（休業）、慶弔休暇などの会社が任意に与える休暇や休業も含まれます。「就業時転換」は交替期日・交替順序などが内容になります。

・賃金の決定、計算・支払の方法、賃金の締切・支払の時期、昇給に関する事項

　「賃金」には、毎月・毎週などの定期に支払う賃金が含まれます。臨時の賃金などは相対的必要記載事項なので、ここでは除外されます。

・退職に関する事項

　「退職」に関する事項では、解雇・定年・契約期間の満了など、退職に関するすべての事項を記載しなければなりません。労使間で発生するトラブルの多くは解雇に関連しているため、解雇の基準や手続きについてはしっかりと規定を作る必要があります。特に解雇については「解雇の事由」まで明記が必要である点に注意が必要です。退職金に関する事項は、相対的必要記載事項に含まれるためここでは除外されます。

② **相対的必要記載事項**

　会社に何らかの定めを置く（制度を設ける）場合は、必ず就業規則に記載しなければならない事項です。具体的には、以下の8項目が定められています。これらの定めを新設する場合だけでなく、社内にすでに慣行として存在する場合も、相対的必要記載事項として明記が求められます。

・退職手当の適用される労働者の範囲、退職手当の決定方法・計算方法・支払方法・支払時期に関する事項
・臨時の賃金等・最低賃金額に関する事項
・労働者に負担させる食費・作業用品その他に関する事項
・安全・衛生に関する事項
・職業訓練に関する事項
・災害補償・業務外の傷病扶助に関する事項
・表彰・懲戒の種類・程度に関する事項
・その事業場の労働者のすべてに適用される事項

③ **就業規則の任意的記載事項**

　記載が任意とされているものです。たとえば、就業規則を定める目的や趣旨、用語の定義、従業員の心得、会社の理念などが該当します。

● 就業規則が膨大になる場合は別規程を上手に活用する

　就業規則の本文とは別に、ある特定の事項だけをまとめて別途記載した別規程（社内規程）を作るという形をとる場合があります。この方法により、その規程の目的がより明確になり、使用者・労働者双方が就業規則の内容についての理解を深めることができます。細かい数字を示すような規定や、労働者ごとの違いが大きい規定については、別規程を設ける方が効果的です。一般的に作成されている別規程としては、①パートタイム労働者・嘱託社員といった雇用形態ごとの就業規則、②賃金（給与）規程、③育児・介護休業規程、④退職金規程、⑤福利厚生規程、⑥通勤管理規程、⑦個人情報管理規程などがあります。

別規程を新たに設ける場合には、就業規則の本文を定める場合と同様、法令に反しない内容となるよう注意するとともに、就業規則の本文や他の別規程との関係で矛盾が生じないように心がける必要があります。

　なお、各規程の末尾には、主管者（各規程を管理する責任者）、制定日、最終改正日、改廃状況を「附則」として記載しておくとよいでしょう。このような事項を記載しておくことで、「この規程はもう10年以上変更していないから、内容の見直しが必要になるのではないか」「最終改正日からすると、この規程は直近の法改正に対応していないのではないか」など、後日の規程の整備・見直しに役立てることができます。

■ 就業規則の記載事項 ……………………………………………………

絶対的必要記載事項

労働時間等	始業・終業の時刻、休憩時間、休日・休暇、交替勤務の要領
賃　　金	決定・計算・支払の方法、締切・支払の時期、昇給について
退　　職	身分の喪失に関する事項…任意退職、解雇、定年など

相対的必要記載事項

退職手当	退職金・退職年金が適用となる労働者の範囲、決定・計算・支払方法・支払時期
臨時の賃金等	臨時の賃金等の支給条件と時期、最低賃金額
食事・作業用品などの負担	
安全・衛生	
職業訓練	
災害補償、業務外の傷病扶助	
表彰・懲戒	
その事業場の労働者すべてに適用する定めを作る場合は、その事項（たとえば、服務規律、配置転換・転勤・出向・転籍に関する事項）	

（就業規則に規定しないと懲戒できない）

任意的記載事項

労働基準法に定められていない事項でも記載するのが望ましいもの企業の理念や目的、採用に関する事項、など

就業規則を変更するには一定の手続が必要である

就業規則は会社の事情にあわせて改定する

● 就業規則は常に見直しを求められる

　就業規則はその事業所における行動の指針であり、経営者の個人的都合で簡単に変更できるようなものではありません。

　労働基準法では、就業規則を変更した場合も、変更の都度、労働基準監督署へ届け出ることが必要です。変更の届出方法は、就業規則を作成する場合と同様です。具体的には、常時10人以上の労働者を使用する会社では、次の手続きを行います。労働基準監督署へ届け出ることで、変更された就業規則が適用されます。

① 条文を変更した就業規則の文書や電子データを作成する

② 過半数組合（過半数組合がない場合は過半数代表者）の意見を聴き（意見聴取）、意見書を作成する

③ 変更後の就業規則と意見書を労働基準監督署へ提出する

　しかし、度重なる法改正もさることながら、会社や労働者を取り巻く社会情勢や経済状況は日々変化をしています。社会の実態に沿わない「時代遅れ」の就業規則は、経営効率の低下の要因にもなりかねません。そのため、常に最新の動向をチェックした上で随時見直しを行い、必要に応じて変更を加え、より充実した就業規則に育てていく必要があります。

● 労働条件を不利益に変更する場合の注意点

　就業規則を変更する場合、過半数組合（過半数組合がない場合は過半数代表者）の意見を聴き、意見書を添付すれば足ります。ここで注意すべきことは、合意が必要なわけではなく、あくまで「意見を聴け

ばよい」ということです。極端な話、使用者は、労働者の合意を得なくても、就業規則を変更することができるのです。

　しかし、就業規則の変更が労働者に不利益になる場合は、労働者と合意をすることなく、就業規則を変更することはできないのが原則です（労働契約法9条）。そのため、意見を聴くだけでは足りず、労働契約の「労使対等の原則」に従って、労働者の合意が得られなければ変更できないよう定められています。

　この規定を反対に解釈すると、労働者に有利に就業規則を変更する場合、合意は必要なく、単に意見を聴けばよいことになります。それだけで労働者の保護としては十分だと考えられるためです。

● 労働者の合意を得ずに就業規則の不利益変更ができるケース

　前述したように、就業規則の変更により労働条件を不利益に変更する場合は、労働者との合意を必要とするのが原則ですが、一定の要件を満たせば、労働者との合意がなくても、就業規則の変更による労働条件の不利益変更が可能になります（労働契約法10条）。

　労働者との合意を得ずに、就業規則の変更により労働条件を不利益に変更するためには、変更後の就業規則を労働者に周知させる（全員に知らせる）ことが必要です。さらに、変更後の就業規則の内容が、労働者の受ける不利益の程度、労働条件の変更の必要性、変更後の就業規則の内容の相当性、労働組合との交渉の状況などの事情に照らして「合理的」なものでなければなりません。

　このような要件を満たすのであれば、労働者を不当に不利にする就業規則の変更とはいえないため、労働者との合意を得ずに、就業規則の変更による労働条件の不利益変更が可能とされています。

労使協定や労働協約について知っておこう

労使の利害を調整するためのもの

◉ 労使協定とは

　労使協定とは、事業場の過半数の労働者で組織される労働組合（そのような労働組合がない場合には労働者の過半数を代表する者）と、使用者との間で、書面によって締結される協定です。三六協定（労働基準法36条に基づく時間外・休日労働に関する協定）、変形労働時間制に関する協定、年次有給休暇の計画的付与（計画年休）に関する協定など、さまざまな労使協定がありますが、その多くが労働基準法を根拠とするものです。労働協約や就業規則が、労働基準法の規則に反することはできませんが、労使協定では一定の場合に限り、特例の協定をすることが認められています。

　労使協定には所轄の労働基準監督署への届出義務があるものと、届出義務がないものがあります。なお、労使協定届については、事業所代表者の押印は廃止されました。協定当事者であることの確認のための「チェックボックス」欄が設けられました。

◉ 労働協約とは

　労働者には、団結して労働組合を組織する権利が認められています（団結権）。そして、労働組合を主体として使用者と交渉する権利も認められています（団体交渉権）。この団体交渉の結果、労働組合と使用者との間で労働条件が決定され、労働協約が成立します。労働協約については、基本的には、労働組合法14条以下に規定されています。

　労働協約は、労働組合と使用者の合意によって締結されます。労働協約は労働基準法などの法令に次ぐ効力があるので、就業規則や労働

契約に優先します。労働協約に定める労働条件その他の労働者の待遇についての基準に違反する就業規則や労働契約はその部分につき無効となります。そして、無効となった部分の効力は、労働協約の定める基準に従って判断します。そのため、労働協約が就業規則や労働契約より不利な内容であっても、原則として労働協約が適用されてしまうということに注意が必要です。

　また、労働契約で定められていない部分についても、労働協約に従います。これは、労働協約の規範的効力と呼ばれています。

　もっとも、注意しなければならないのは、対象が全従業員ではなく、あくまでも労働協約を締結した労働組合の組合員についてのみ認められる効力であるということです。したがって、労働協約の基準に照らして、無効であると判断され、労働協約により修正された労働契約の内容について、組合員以外の従業員には効果が及ばないため、これらの従業員との間では、従来からの（修正されていない）労働契約の規定が適用されるということになります。

　ただし、一つの事業場に常時使用される同種の労働者の4分の3以上の者が、一つの労働協約の適用を受ける場合には、例外的に、その事業場の残りの労働者にも、その労働協約が適用されることになります。この効力を一般的拘束力といいます。届出は有効になる要件ではありません。

■ 労働協約と労使協定の違い

	労働協約	労使協定
対象	特に制限はない	労働基準法が定める事項
労働者側の当事者	労働組合	過半数労働組合または過半数代表者
効力の及ぶ範囲	原則として組合員	事業場の労働者全体

● 労使委員会とは

　労働基準法は、労使間に入って労働条件に関する折衝・協議を進める担当機関として「労使委員会」の設置を認めています。特に企画業務型裁量労働制や高度プロフェッショナル制度（160ページ）を導入しようとする事業場は、必ず労使委員会を設置し、その決議を労働基準監督署へ届け出ることになっています。労使委員会の目的は、賃金、労働時間などの事業場における労働条件について調査や審議をし、事業主に対し意見を述べることです。労使委員会は、継続的に設置される機関で、使用者と事業場の労働者を代表する者から構成されます。

　労使委員会での議事については、議事録を作成し、保管しなければなりません。そして、事業場の労働者に対して周知させることになっています。また、労使委員会の決議は、労使委員会の委員の5分の4以上の多数決によることで労使協定の代替とすることが認められる場合があります。ただし、時間外・休日労働に関する三六協定に代えて労使委員会で決議した場合のように、一部の代替決議については、労働基準監督署への決議の届出が必要となることがあります。

■ 労使協定に代えて労使委員会で決議できる労働基準法上の事項

① 1か月単位の変形労働時間制　　② フレックスタイム制
③ 1年単位の変形労働時間制　　④ 1週間単位の非定型的変形労働時間制
⑤ 休憩時間の与え方に関する協定　⑥ 時間外・休日労働（三六協定）
⑦ 割増賃金の支払いに代えて付与する代替休暇
⑧ 事業場外労働のみなし労働時間制
⑨ 専門業務型裁量労働制のみなし労働時間
⑩ 時間単位の年次有給休暇の付与　⑪ 年次有給休暇の計画的付与
⑫ 年次有給休暇に対する標準報酬日額による支払い

※「貯蓄金管理」「賃金の一部控除」は、必ず労使協定が必要で、労使委員会の決議による代替ができない。
※⑥については、「届出」が効力の発生要件とされている。

Q すべての事業について、労働基準法が定める労働時間、休憩、休日などの規定が一律に適用されるのでしょうか。また、労働者を管理・監督する地位にある人も、他の労働者と同一に扱ってよいのでしょうか。

A 事業や労働者の地位、業務の性質や態様などから、法定労働時間や週休制の適用に適さない場合もあります。そこで、労働基準法は、一定の事業や業務については、労働時間、休憩、休日に関する規定を適用除外（その規定が適用される労働者として取り扱わないこと）としています。ただし、深夜業や年次有給休暇に関する規定は適用されますので注意が必要です。

なお、働き方改革法の成立により新設された「特定高度専門業務・成果型労働制」（高度プロフェッショナル制度）も、労働時間、休憩、休日に関する規定が適用除外となりますが、さらに深夜業に関する規定も適用除外となります。

●事業の種類による適用除外

農業（林業を除く）、畜産、養蚕、水産業に従事する者については、労働基準法上の労働時間、休憩、休日に関する規定が適用されません。これらの事業は、天候などの自然条件に左右されるため、労働時間などの規制になじまないからです。

●労働者の地位による適用除外

労働基準法上の管理監督者や、機密の事務を取り扱う者については、労働基準法上の労働時間、休憩、休日に関する規定が適用されません。たとえば、部長や工場長などがここでいう管理監督者に該当します。このような地位にある労働者は、労働条件の決定などの労務管理について経営者と一体的な立場にあるからです。

また、機密の事務を取り扱う者とは、秘書その他職務が経営者または管理監督の地位にある者の活動と一体不可分であって、厳格な労働

時間管理になじまない者をいうとされています。

●**業務の態様による適用除外**

　監視または断続的労働に従事する者についても、労働基準法上の労働時間、休憩、休日に関する規定が適用されません。監視に従事する者とは、原則として一定部署で監視することを本来の業務とし、常態として身体や精神的緊張の少ない者をいいます。したがって、交通関係の監視など精神的緊張の高い業務は、適用除外として認められません。これに対し、断続的労働に従事する者とは、休憩時間は少ないが手待時間の多い者を指します。

　ただし、監視または断続的労働に従事する者の労働実態は、労働密度の高低を含めて多様であり、1日の労働時間が8時間を大幅に超過する場合や、1週1日の休日もない場合が生じるなど、労働条件に大きな影響を与えます。そこで、業務の態様による適用除外の要件として、労働基準監督署（所轄労働基準監督署長）の許可が必要です。

■ 労働基準法上の原則と例外 ·······································

```
              ┌─────────────────┐
              │  労働時間・休憩・   │
              │  休日についての規定  │
              └─────────────────┘
```

原　則

・労働時間が6時間を
　超える場合
　　　　　➡ 45分

・労働時間が8時間を
　超える場合
　　　　　➡ 1時間

・休日は毎週1回以上与える

例　外

①事業の種類による適用除外
　➡農業（林業を除く）、畜産、養蚕、
　　水産業に従事する者
②労働者の地位による適用除外
　➡管理監督者や機密事項を取り扱う者
　　（部長や工場長などの地位にある者）
③業務態様による適用除外
　➡監視または断続的労働に従事する者

Q 労働基準法上の年少者については、労働基準法上、成年者とどのような違いがあるのでしょうか。年少者と深夜業の制限についても教えてください。

A 労働基準法における「年少者」とは、満18歳に満たない者、つまり未成年者のことをいいます。また、年少者のうち、満15歳に達した日以後の最初の3月31日が終了するまでの者を「児童」といいます。つまり、年少者とは未成年者と同義で18歳未満の者、児童とは義務教育である中学校を卒業するまでの者を指します。

労働基準法は、以下のように、年少者を保護する規定を設けています。

●**年齢制限**

使用者が児童を労働者として使用することは禁止されます。例外的に、非工業的事業に関する職業で、児童の健康・福祉に有害でなく、その労働が軽易なものは、所轄労働基準監督署長の許可を受けて、満13歳以上の児童を修学時間外に使用することができます。

これに対し、映画の制作・演劇の事業については、満13歳未満の児童でも、所轄労働基準監督署長の許可を受けて、修学時間外に使用することができます。

●**労働契約の代理締結の禁止、賃金の代理受領の禁止**

未成年者の労働契約については、親権者または後見人が未成年者に代わって契約を締結してはならないとされています。つまり、未成年者本人が労働契約を締結する必要があります。なお、親権者・後見人または行政官庁は、労働契約が未成年者に不利であると認める場合には、将来に向かってその労働契約を解除することができます。

また、親権者または後見人が未成年者の賃金を代わりに受け取ることも禁止されています。

●**労働時間の制限・就業の制限**

年少者（満18歳未満の者）については、変形労働時間制やフレック

スタイム制、三六協定による時間外・休日労働、労働時間・休憩の特例の適用が排除されます。ただし、1週間の労働時間が法定労働時間を超えない範囲内で、1週間のうち1日の労働時間を4時間以内に短縮する場合には、他の日の労働時間を10時間まで延長することができます。また、1週間について48時間、1日について8時間を超えない範囲内で、1か月以内の変形労働時間制（166ページ）または1年以内の期間の変形労働時間制（173ページ）の規定の例によって労働させることができます。

　なお、前述の所轄労働基準監督署長の許可を受けて使用する児童（満15歳に達した日以後の最初の3月31日を終了していない満13歳以上の児童）については、法定労働時間は修学時間を通算して1週につき40時間、1日につき7時間とされています。

●深夜業の禁止

・原則

　使用者は、原則として年少者を深夜（午後10時から午前5時まで）の間に使用してはならないとされています（厚生労働大臣が必要と認める場合には、地域や期間を限定し、午後11時から午前6時までに変更することもできます）。

　ただし、15歳に達した日以後の最初の3月31日が終了していない満13歳以上の児童、つまり中学校在学相当の年齢以下の児童については、深夜業禁止の時間帯が午後8時から午前5時まで（厚生大臣が必要と認める場合の変更があったときは、午後9時から午前6時まで）となり、規制が厳格となっています。

　例外的に年少者が深夜業に従事できる場合として、次の場合があります。

　まず、「交替制によって使用する満16歳以上の男性」については、深夜業が許されています。交替制とは、同一の労働者が一定期日ごとに、昼間勤務と夜間勤務とに交替でつく勤務の態様のことをいいます。

次に、交替制によって労働させる事業については、所轄労働基準監督署長の許可を受ければ、午後10時30分まで労働させ、または午前5時30分から労働させることができます。

・適用除外

前述の深夜業禁止の原則および例外が適用されない場合として、次の場合があります。

まず、災害その他非常事由によって行政官庁の許可を受けて労働時間を延長し、または休日に労働させる場合があります。

次に、農林、畜産・水産業、病院・保険衛生業、電話交換業務については、年少者の深夜業禁止が適用されず、年少者でも深夜労働を行うことができます。

なお、年少者の深夜労働については、非常事由による時間外労働の場合を除いて、法定労働時間内労働として行う必要があり、深夜労働について割増賃金を支払う必要がある点に注意しましょう。

■ 未成年者と労働時間 ‥‥‥‥‥‥‥‥‥‥‥‥‥‥‥‥‥‥‥‥‥

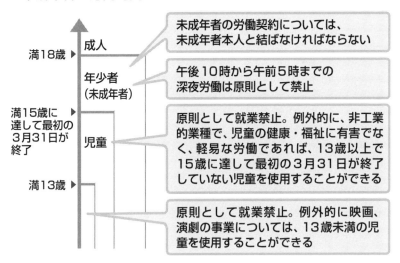

テレワーク勤務の必要性

業務効率化や人材確保など、会社にもメリットがある

● テレワークとは

　テレワークとは、会社などを離れた場所から仕事をすることです。情報通信技術（ICT）を用いることにより、労働者は時間や場所に拘束されずに、労働力を活用することができる手法として注目が集まっています。テレワークの形態として、大きく3つの方法に分類することができます。具体的には、在宅勤務、モバイル勤務、サテライトオフィス勤務という形態です。各形態の内容や特徴は以下のとおりです。

・在宅勤務

　自宅を就業場所とする働き方です。在宅勤務において、労働者は会社などに出社することなく業務を処理することができます。そして、会社から離れた場所でもPCや携帯電話などを使用することで、上司など会社に勤務している他の労働者と必要なコミュニケーションをとることができます。

・モバイル勤務

　モバイル勤務とは、自宅ではなく、移動中の電車や飛行機などの交通機関の中や、出張先のホテルなど、状況に応じて就業場所を選択して仕事をする働き方です。

・サテライトオフィス勤務

　本社などの本来の勤務先とは異なるオフィスに出勤して、仕事をする働き方です。在宅勤務とは異なり、労働者は自宅などで就業するわけではありませんが、たとえば、自宅から遠い会社に勤務している労働者が、会社が設けた、より自宅から近いサテライト事務所などに勤務することで、移動時間を短縮して、効率的に就業することが可能で

す。サテライトオフィス勤務は、さらに専用型と共用型に分類することが可能です。専用型とは、あらかじめ会社などが、自社の社員やグループ会社の社員などが使用することを想定して、その会社専用のサテライトオフィスを設けている場合をいいます。

これに対して、共用型とは、特定の会社の専用サテライトオフィスではなく、いくつかの企業などがテレワークのためのスペースとして、共同で1つのサテライトオフィス（シェアオフィス、コワーキングスペースなど）を用いる働き方をいいます。

● テレワークが企業にもたらす効果

テレワークを導入することによって、業務の効率が向上する効果があります。たとえば、技術営業の社員が不在のときに、見込客から製品に関する技術的な内容の問い合わせがあったとしましょう。技術営業の社員が出張中など不在である場合には、見込客の問い合わせに応

■ 在宅勤務のメリット・デメリット ……………………………………

在宅勤務のメリット	在宅勤務のデメリット
・育児や介護と両立して仕事に就くことができる ・自宅の室内などの静かな環境で就業することで、仕事に対する集中力が向上し、効率・生産性が上がる ・ウイルスのパンデミック（大流行）、災害対策、過疎化といった社会問題に対する有効な対策になる ・在宅勤務で使用する機器等を労働者個人の通信環境を利用する場合、在宅勤務の開始による会社の費用負担を抑えられる ・在宅勤務は労働者自身の病気やケガの場合にも、一定程度の労働力を活用することができる	・プライベートと仕事の線引きがしにくく、管理者の目が行き届かない ・労働時間の把握など、在宅勤務者に対する労務管理の体制整備が必要となる ・必要な情報通信機器のすべてを企業側で準備しなければならない場合、費用の負担が大きい ・必要な情報通信機器として、労働者の私物を利用する場合、情報漏洩のリスクが高まる（セキュリティの問題）

じることができず、受注のチャンスを逃してしまうかもしれません。しかし、テレワークを用いて技術営業の社員が見込客などの問い合わせにタイムリーに対応することが可能であれば、時間や場所を問わずに、受注のチャンスを捉えることが期待できます。

　また、テレワークを導入することで、有能な人材を失いにくいという効果も挙げられます。たとえば、女性労働者が結婚・妊娠・出産をきっかけにして、それ以前と雇用スタイルが大きく変化してしまうことを理由に、離職するケースが非常に多いという問題点があります。

　しかし、テレワークを導入することによって、労働者は、時間や場所を柔軟に選択して就業することが可能となるため、ライフスタイルに合わせて就業を継続することが可能です。そのためテレワークは、会社側にとって、有能な人材を雇用し続けるためにも有効だといえます。

　在宅勤務のメリットとデメリットは前ページ図のとおりです。

● ガイドラインの適用対象

　テレワークに伴う労働者の適切な労務管理のために、厚生労働省は平成30年（2018年）2月に「情報通信技術を利用した事業場外勤務の適切な導入及び実施のためのガイドライン」を策定しました。そして、感染症の拡大によってテレワークをより推進するため、令和3年（2021年）3月25日に「テレワークの適切な導入及び実施の推進のためのガイドライン」として改定をしています。ガイドラインでは、テレワークのメリット、導入時の留意点、労務管理上の留意点、労働関係法令の適用に関して、主要なポイントがまとめられています。テレワークの導入に伴い、労務管理を担当する企業の担当者が留意するべきガイドラインの要点は次ページ図のとおりです。

● テレワークを導入する際の注意点

　ガイドラインは、テレワークを適切に導入・実施するための注意点

として、あらかじめ労使で十分に話し合い、ルールを定めておくことが重要だとしています。また、出社が不要となるテレワークについては、労働者の人事評価制度などについて、労使間で問題が生じやすいことから、主に使用者に対して、適正な評価方法の導入を求めています。

テレワークでは、自律的に業務を遂行できることがメリットとして挙げられます。そのため、企業は効果的にテレワークが実施できるように、仕事の進め方の工夫や社内教育、管理職の適切なマネジメントなどによって人材育成に取り組むことが望ましいとしています。

● 中抜け時間が発生しやすい

テレワークは、育児や親の介護等を担当している労働者が利用しやすい反面、子どもの送迎や親の介護、家事などを済ませるために業務の間にいったん、労働から離れる場合が多くなるようです。このように業務からいったん離れる時間を「中抜け時間」といいます。

■ ガイドラインの要点 ……………………………………………

留意点	具体的な内容など
テレワーク導入に際しての留意点	・労使間での十分な話し合い ・既存業務の見直し、点検　など
労務管理上の留意点	・人事評価制度の適切な実施　　・費用負担の取扱い ・人材育成の工夫　など
テレワークのルールの策定と周知	・就業規則の整備 ・労働条件の明示、変更
労働時間	・労働時間制度（フレックスタイム制、事業場外みなし労働時間制など）の検討 ・労働時間の把握 ・テレワーク特有の事象の取扱い 　（中抜け、長時間労働対策）
その他	・メンタルヘルス対応　　　　　・労災補償 ・安全衛生の確保　など

労務管理上、中抜け時間は労働時間ではないため、その時間を無給とすることができます。ただし、給与計算や中抜け時間の把握など給与計算担当者の手間がかかる、労働者の賃金が減ってしまう、などのデメリットもあるため、以下のような対応をすることもできます。

① 　中抜け時間について、時間単位の年次有給休暇を取得することができます。この場合には、就業規則に時間単位の年次有給休暇制度の規定と労使協定の締結が必要になります。なお、時間単位の年休は、分単位では取得できないため、1時間単位で取得する必要があり、たとえば1時間30分の中抜け時間は2時間の年休として申請します。

② 　中抜け時間を休憩時間として扱い、中抜け時間の時間分、始業時刻または終業時刻を繰り上げ・繰り下げを行います。たとえば、始業時刻が9時、終業時刻が17時の会社で、2時間の中抜け時間があった場合、その2時間は休憩として、2時間分終業時刻を19時まで繰り下げ、または、始業時刻を7時に繰り上げることで対処します。休憩時間は原則、一斉に付与しなければならないため、事前に一斉付与の適用除外を行う旨の労使協定を締結しておく必要があります。

● 費用の負担も取り決めておく

　たとえば、自宅でのPCやインターネット接続費用、水道光熱費、電話代などの費用負担が問題になります。特に、インターネットの接続費用や水道光熱費は、すでに労働者自身が保有しているものを業務にも利用するというケースが多く、費用のどこまでを会社が負担すべきか判断に悩む費用です。労働者が全額負担とすることもできます。

　また、1回500円というように手当として一律金額を支給するという方法もあります。実費相当額を清算して支払う場合には給与として課税する必要はありませんが、一定金額を支給する場合には課税する必要があります。

テレワークの場合の労働時間の管理

フレックスタイム制などの導入が有効な場合がある

● テレワークは労働時間の管理が煩雑になる

　テレワークの労働時間については、1日8時間1週40時間のように通常の労働時間制を採用することも可能です。しかし、通常勤務を行う事業場を離れて自宅などで勤務するという特性上、労働時間の管理が難しくなります。なお、労働時間の管理には、始業時刻・終業時刻、労働時間、休憩、中抜け時間などの管理が含まれます。

　会社が労働時間を管理するという煩雑さを回避するために、労働者自身に始業時刻・終業時刻などの労働時間の判断を委ねる労働時間制を採用するということもテレワークを円滑に進める上で選択肢になりえます。

● 法律が認めるさまざまな労働時間制を活用する

　ここでは、労働者に労働時間等の判断を委ねる労働時間制についての特長などを説明します。そのような労働時間制として、「事業場外みなし労働時間制」「フレックスタイム制」「裁量労働制」が挙げられます。

・事業場外みなし労働時間制（150ページ）

　テレワークによって、労働時間の全部または一部について自宅などの事業場外で業務を行った場合には、事業場外みなし労働時間制を採用することができる場合があります。テレワークに事業場外みなし労働時間制を適用するためには、使用者の具体的な指揮監督が及ばず、労働時間を算定することが困難であることが必要です。

　この労働時間制では、労使で定めた時間を労働時間とすることがで

きます。たとえば、労使で定めた時間が8時間であれば、実労働時間が7時間や9時間であったとしても、8時間働いたとみなします。

　そして、労使で定めた時間が法定労働時間内であれば、割増賃金などの支払いを行う必要がありません。ただし、休日労働や深夜労働の場合には割増賃金の支払いが発生します。また、労使で定めた時間よりも実労働時間が多くなってしまうと労働者にとって不利益なため、必要に応じて労使で定めた時間、業務量の見直しが必要になります。

・フレックスタイム制（182ページ）

　フレックスタイム制は、3か月以内の一定期間の総労働時間を定めておいて、その期間を平均し、1週当たりの労働時間が法定労働時間を越えない範囲内で、労働者が始業時刻や終業時刻を決定することができる制度です。労働者の意思により、始業時刻・終業時刻の繰り上げ、繰り下げができます。

　フレックスタイム制をテレワークだけでなく、通常勤務にも採用することで、会社へ通勤して勤務する日は比較的長い労働時間を設定し、テレワークで勤務する日は短い労働時間を設定することもできます。このように柔軟に労働時間を決めることができるので、育児や家事などとの両立もしやすくなります。

　なお、必ず勤務しなければならない時間帯としてコアタイムを設定することができますが、設定が困難な場合は、設定しないという選択も可能です。

　フレックスタイム制は、あくまで、始業時刻・終業時刻を労働者の意思で決定できる制度ですので、会社が労働者の労働時間を適切に把握しなければならないことは、通常勤務と変わりありません。

・裁量労働制（154ページ）

　研究開発などの専門性の高い業務や企業経営に関する企画・立案などの業務などについては労働者の裁量が大きく、業務の遂行手段や時間配分を労働者自身に任せた方がよい場合があります。その際に導入

するのが裁量労働制です。事業場外みなし労働時間と労働時間の考え方は同様で、労使で労働時間を1日8時間とみなすと定めた場合、実際の労働時間が6時間や9時間であったとしても、8時間労働したとみなします。

　裁量労働制には、専門業務型裁量労働制と企画業務型裁量労働制があります。それぞれ対象となる職種や手続きの方法が異なります。専門業務型裁量労働制の中には、プログラマーやコピーライターなどのテレワークと親和性の高い職種が多くあります。また、労使で定めた時間よりも実労働時間が多くなってしまうと労働者にとって不利益なため、必要に応じて労使で定めた時間、業務量の見直しが必要になることは、事業場外みなし労働時間制と同様です。

● 会社の労働時間管理の責務

　労働者の健康確保の観点から、フレックスタイム制はもちろん、事業場外みなし労働時間制や裁量労働制においても、会社は労働時間の適正な管理をすべきだといえます。

■ テレワークの労働時間制 ……………………………………………

労働時間を労働者が柔軟に調整できる制度		
事業場外みなし労働時間制	裁量労働制	フレックスタイム制

【注意点】
労働者の健康確保の観点から、会社は適正な労働時間管理を行う

14 副業・兼業について知っておこう

本業に支障がなければ副業を行うことも認められる

● 副業・兼業とは

　副業や兼業とは、一般的には「本業以外で収入を得る仕事」とされています。企業と雇用契約を結んで労働者として働く場合を副業と呼び、個人事業主として請負契約などを結んで業務を行う場合などを兼業と呼ぶこともあります。企業と雇用契約を結んで労働者として働く場合には、副業であっても労働基準法などの労働法規が適用されますし、本業の使用者との関係にも影響を及ぼします。

　副業・兼業は、企業にとって、人材育成につながるというメリットがあります。具体的には、社外でも通用する知識・スキルの研鑽に努めることで自立した社員を増やすことができることや、兼業が個人事業であれば経営者の感覚を養うことができることなどが挙げられます。

　また、人材の獲得・流出防止のメリットがあります。具体的には、経験豊富な人材を副業として受け入れることで、比較的低コストで人材を獲得できることや、副業を認めることで優秀な人材をつなぎとめ、雇用継続につながることなどが挙げられます。さらに新たな知識・人脈などの獲得のメリットもあります。副業先から得た知識・情報・人脈は本業の事業拡大のきっかけになる可能性があります。

　社員にとっては、副業で所得が増加することが最も大きなメリットです。また、将来のキャリアを形成するためのリソースとなる社外で通用する知識・スキル、人脈を獲得することで、労働・人材市場における価値を高めることができます。

　一方、企業にとってのデメリットは、長時間労働による社員の健康への影響や、労働生産性の低下が懸念されることです。業務上の情報

漏洩、本業との競業によるリスクが高まることもデメリットのひとつです。また、副業による長時間労働で本業でも労災リスクが高まることや、現行の法制度上は、本業と副業の労働時間が通算され、時間外労働の割増賃金が発生することなども挙げられます。

　社員にとってのデメリットは、就業時間の増加によって心身への負担が大きくなり、本業への支障をきたすことです。その場合、本業における評価が低くなる可能性もあります。本業と副業の仕事のタスクが多くなると管理をすることが困難になることもあります。

● 副業制限とは

　副業・兼業を規制している法律はなく、原則自由に行うことができます。平成24年（2012年）7月13日京都地裁が下した判決（マンナ運輸事件）においては、「社員の副業を許可制にしている会社が、社員の副業許可の申請を正当な理由なく却下したことは不法行為である」とされました。つまり会社は、原則的に社員の副業を認める義務があるのです。公務員については、国民の奉仕者という職務の立場があるため、国家公務員法や地方公務員法で副業を原則禁止しています。ただし最近では、公務員についてもNPO法人などの非営利組織への副業を許可する自治体が増え始めています。

　副業・兼業は原則自由ですが、だからといって会社がすべての副業・兼業を許してしまうと会社にとってリスクが高まる場合があります。たとえば、本業の会社と競合する他社で副業をしている場合には、その従業員が本業の会社の機密情報を漏らしてしまう可能性があります。また、日中時間帯を本業の会社で労働し、その後、夜間に長時間のアルバイトなどで労働した場合には、睡眠時間が削られ、業務ミスなど本業での支障が生じたり、労災が発生する可能性もあります。

　このように副業を許可することで会社のリスクが高まる場合には、就業規則などにより副業を制限もしくは禁止することができ、違反し

た場合には懲戒処分などを下すこともできます。逆に、会社へのリスクがないと判断できる場合には、副業を原則、許可する必要があります。したがって、就業規則の副業禁止規定が常に有効であるとは限らず、たとえ規定が有効であるとしても、規定に違反した労働者を常に懲戒処分にできるとは限りません。一般的に、副業制限を設けることができる理由として下記のようなものがあります。

① **副業・兼業が不正な競業、情報漏洩の恐れがある場合（労働者の競業避止義務・秘密保持義務）**

競合する会社での就業は、意図するかしないかにかかわらず、本業の会社の機密情報漏洩などのリスクを伴います。また、競合他社への転職や起業の準備として副業から始める場合もあり、情報漏洩などのリスクはより一層高まります。

② **本業の社会的信用を傷つける場合（労働者の誠実義務）**

副業・兼業を行う業種について、たとえば、反社会的勢力との関連が疑われる会社で働くことは、本業の社会的信用を傷つけるリスクがあります。従業員がそういった業種で働いていることが公にされると、会社イメージがダウンし、売上が落ち込む可能性があります。

③ **働き過ぎによって健康を害する恐れがある場合（使用者の安全配慮義務）**

副業をするということは、必然的に労働時間が長くなることを意味

■ **副業・兼業を制限できる場合** ·················

原則 ➡ 副業・兼業を許可しなければならない

例外 ➡ 下記に該当する場合には、副業・兼業を制限もしくは禁止することができる

> ①副業・兼業が不正な競業、情報漏洩の恐れがある場合
> ②本業の社会的信用を傷つける場合
> ③働き過ぎによって健康を害する恐れがある場合

します。そのため、本業で居眠りが増える、集中力が途切れる、など本業へ支障をきたすリスクがあります。さらには、従業員自身の健康を害するリスク、労災発生のリスクもあります。

　これらに該当する場合には、裁判例においても副業を制限もしくは禁止することができるとしています。

● ガイドラインにはどんなことが書かれているのか

　ガイドラインは、副業・兼業に関わる現状、企業や労働者の対応についてまとめたものです。ガイドラインは、平成30年（2018年）1月に策定されましたが、その後、令和2年（2020年）9月と令和4年（2022年）7月に改定されました。令和4年7月の改定では、多様なキャリア形成を促進するために、労働者が適切な職業選択ができるよう、副業・兼業への対応について会社のホームページ等で公表することを推奨しています。

　ガイドラインでは、副業・兼業について、労働者の希望に応じて、原則的には認める方向で検討するように記載されています。副業・兼業を認める場合においては、労務提供上の支障、企業秘密の漏洩などがないか、長時間労働を招くものとなっていないかを確認するために、副業・兼業の内容を申請・届出制とすることが望ましいとしています。

　副業・兼業を認める場合、会社が最も気を付けなければならないことは、事業場を異にする場合（事業主が異なる場合も含む）において労働時間を通算するということです。特に、事業主が異なる場合、どのように副業・兼業先の労働時間を把握するのかということが大きな問題でした。この点、令和2年9月のガイドラインの改定によって、自らの事業場の労働時間と労働者からの申告などにより把握した他の使用者の事業場における労働時間を通算することと明記されました。なお、労働者から申告がなかった場合や事実と異なった申告があったとしても、労働者から申告のあった時間で通算すればよいとされています。

また、健康管理について、会社は労働者に対して健康診断を受診させる義務があります。ただし、有期雇用労働者で1年未満のもの、週の所定労働時間が通常の労働者の所定労働時間の４分の３より少ない労働者については受診させる義務はなく、副業・兼業をしていても労働時間の通算をする必要はありません。

● 労働者から副業したい旨の申出があった場合にはどうする

この場合には、原則として認める必要があります。しかし、例外として、副業・兼業が不正な競業にあたる場合、企業の名誉・信用を損なう場合、企業秘密が漏洩する場合、長時間労働のリスクがある場合には認める必要がないため、申出を受けた時点でそれらに該当するかどうかを確認する必要があります。また、副業・兼業が現在の業務の支障にならないかどうか、労働者と上司などで十分な話し合いを行う必要があります。

なお、副業・兼業の開始後、会社は労働時間や健康状態について確認する必要があります。月に１回程度、副業・兼業の実績報告書を提出するようにルールづくりをしておくとよいでしょう。

■ 副業・兼業の労働時間管理 …………………………………………

労働時間は、事業場を異にする場合（使用者が異なる場合も含む）も通算する

⬇

（企業の対応）下記の内容を把握しておく
・他の使用者の事業場の事業内容
・他の使用者の事業場で労働者が従事する業務内容
・労働時間の通算の対象となるか否かの確認
・他の使用者との労働契約の締結日・期間
　・他の使用者の事業場での所定労働時間等
　・他の使用者の事業場における実労働時間等の報告

届出制・許可制にする

➡ 労働者から申告のあった労働時間で通算する

Q 勤務時間中に副業をしている社員についてどのように対処すべきでしょうか。

A 　会社で働く社員には、職務専念義務や誠実労働義務があります。労働契約では、社員は労働の対価として賃金を請求できますが、その一方で、使用者に労務を提供する義務も負っています。この労務の提供においては、勤務時間中は職務に専念すること（職務専念義務）、誠実に職務を遂行すること（誠実労働義務）が含まれていると考えられます。

　社員が勤務時間中に、私用の電話やメールを行っていた場合には、職務専念義務違反にあたる可能性があります。質問のように勤務時間中に副業をしている場合、職務専念義務違反となる可能性が高いといえます。

　職務専念義務は、公務員を除いて法律上明記されているわけではありませんが、判例・学説によれば、特段の合意がなくても労働契約に付随する義務として当然に生じるものと考えられています。職務専念義務の程度については裁判で何度か争われていますが、会社への損害の有無や業務への支障の有無がなくても、職務専念義務違反としたケースがあります。

　以上を踏まえ、勤務時間中の副業に対しては、次のような対処が考えられます。

　まず、就業規則などに職務専念義務について明確にしておく必要があります。解雇処分を行う際には、就業規則に記載された解雇事由に該当することが原則として必要です。前述したように職務専念義務は当然に生じるものと考えられますが、就業規則などに明確にしておく方がより一層よいでしょう。

　副業を許可制、届出制にしている会社は多いと思いますが、その際に誓約書をもらうなどの手続きを加えておくことも有効です。たとえ

ば、「本業の就業時間においては副業を行わず、職務に専念します」という事項を遵守するように誓約させます。

　次に、社員が勤務時間中に副業を実際に行っていた場合には、その記録をつけておく必要があります。そして、口頭もしくは書面で注意、指導を行います。口頭で行った場合には記録に残りにくいため、面談などを利用して注意、指導を行い、注意、指導した内容を記録しておきましょう。

　面談では、今後勤務時間中に副業をしないことを約束させることも必要でしょう。

　また、副業について許可制を採用している場合には、勤務時間中は本業に専念することが許可の条件となること、および、職務専念義務の違反を許可の取消事由とすることを明文で定めておくことが有効です。

　注意、指導をしても改まらない場合には、懲戒処分を検討する必要があるでしょう。懲戒処分、とりわけ解雇処分については、処分の有効性が裁判でも厳格に審理されますので、解雇などの懲戒処分を検討する場合には、慎重に対応する必要があります。解雇の他には、戒告・譴責、減給処分なども考えられます。

■ **労働者の職務専念義務** ・・

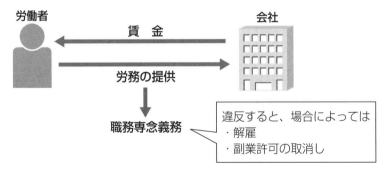

労働者

会社

賃　金

労務の提供

職務専念義務

違反すると、場合によっては
・解雇
・副業許可の取消し

15 労働時間の通算について知っておこう

三六協定の締結、割増賃金の支払いが必要な場合もある

● 割増賃金などとの関係で労働時間は通算される

　労働基準法38条では、「労働時間は、事業場を異にする場合においても、労働時間に関する規定の適用については通算する」と規定しています。事業場を異にするとは、事業主が異なる場合も含んでいます。つまり、本業先のA社と副業先のB社において、それぞれの労働時間を通算するということです。

　労働基準法では労働時間は1日8時間、週40時間と定めており、労働時間を通算することでこの時間を越えて働く場合には、三六協定の締結、割増賃金の支払いが必要となります。ある会社で雇用している労働者がすべてアルバイトで1日8時間、週40時間を超えるケースは一人もいないため、三六協定を締結していないという事業主がいるかもしれません。しかし、その労働者が副業による労働時間の通算によって、この時間を越えている場合には、三六協定を締結し、時間外労働の割増賃金を支払う義務を負う場合があります。

● 割増賃金の支払義務を負うのはどの事業主か

　労働時間の通算によって、法定労働時間を越えてしまった場合に、どちらの事業場が割増賃金の負担をするべきかという問題が発生します。この問題について「副業・兼業の促進に関するガイドライン」のQ&Aにおける考え方は次のとおりです。

　割増賃金を支払う義務を負うのは、労働者を使用することにより、法定労働時間を超えてその労働者を労働させるに至った（それぞれの法定外労働時間を発生させた）使用者です。したがって、一般的には、

通算により法定労働時間を超えることになる所定労働時間を定めた「労働契約を後から締結した使用者」は、契約の締結にあたって、当該労働者が他の事業場で労働していることを確認した上で契約を締結すべきであり、割増賃金を支払う義務を負うことになります。ただし、通算した所定労働時間がすでに法定労働時間に達していることを知りながら労働時間を延長するときは、先に契約を結んでいた使用者も含め、延長させた各使用者が割増賃金を支払う義務を負うことになります。

　以上の考え方を具体的なケースにあてはめて考えると、次のような結論になります。

> **ケース①**　Ａ事業主と１日当たりの所定労働時間を７時間とする労働契約を締結している労働者が、後から副業としてＢ事業主と１日当たりの所定労働時間を３時間とし、所定労働日を事業主Ａと同じ日とする労働契約を締結した場合

　このケースでは、後から労働契約を締結したＢ事業主が割増賃金を支払う義務を負うことになります。副業を始める前の１日当たりの所定労働時間は７時間であり、１日当たりの法定労働時間である８時間以内ですが、副業を始めた後の１日当たりの所定労働時間は通算で10時間となり、時間外労働２時間分について、事業主Ｂが割増賃金を支払う義務を負います。

> **ケース②**　Ａ事業主と１日当たりの所定労働時間を８時間とし、所定労働日を月曜から金曜日とする労働契約を締結している労働者が、後から、副業としてＢ事業主と１日当たりの所定労働時間を８時間とし、所定労働日を土曜日とする労働契約を締結した場合

　このケースでも、後から労働契約を締結したＢ事業主が割増賃金を

支払う義務を負うことになります。副業を始める前の１日当たりの所定労働時間は８時間、１週間当たりの所定労働時間は40時間であり、１週間当たりの法定労働時間である40時間以内ですが、副業を始めた後の１週間当たりの所定労働時間は48時間となり、時間外労働８時間分について、事業主Ｂが割増賃金を支払う義務を負います。

> **ケース③** Ａ事業主と１日当たりの所定労働時間を４時間とする労働契約を締結している労働者が、後から副業としてＢ事業主と１日当たりの所定労働時間を４時間とし、所定労働日を事業主Ａと同じ日とする労働契約を締結し、Ａ事業主の下で６時間勤務し、同じ日にＢ事業主の下で４時間勤務した場合

　このケースでは、Ａ事業主が割増賃金を支払う義務を負うことになります。所定労働時間は通算で１日当たり８時間ですので、法定労働時間内ですが、１日の労働時間は10時間であり、時間外労働２時間分について割増賃金の支払義務を負います。

　このケースと異なり、Ｂ事業主が１日当たり６時間の労働をさせた場合には、Ｂ事業主が時間外労働２時間分について割増賃金の支払義務を負います。

> **ケース④** Ａ事業主と１日当たりの所定労働時間を４時間とする労働契約を締結している労働者が、後から副業としてＢ事業主と所定労働時間を３時間とし、所定労働日を事業主Ａと同じ日とする労働契約を締結し、Ａ事業主の下で５時間勤務し、同じ日にＢ事業主の下で４時間勤務した場合

　このケースでは、Ｂ事業主が割増賃金を支払う義務を負うことになります。所定労働時間は通算で１日当たり７時間ですので、法定労働

時間内です。そして、Ａ事業主の下で所定時間外労働が１時間発生していますが、Ａ事業主の下での労働が終了した時点では、Ｂ事業主の下での所定労働時間を含めた１日の労働時間は８時間であり、法定労働時間内です。その後、Ｂ事業主の下で所定時間外労働が１時間発生し、１日の労働時間が９時間となり、法定時間外労働が１時間分発生しますので、Ｂ事業主が割増賃金を支払う義務を負うことになるのです。

● 会社が行うべきことは何か

労働時間の通算により時間外労働が発生する可能性がある場合は、三六協定を締結し、届出をする必要があります。

また、割増賃金の支払いがどちらの事業主に発生するかはそれぞれのケースを検討しなければなりません。そのためには、双方の労働時間を把握しておく必要があります。具体的には、副業の許可をする段階で、副業先の所定労働日、所定労働時間などを申告させることが考えられます。毎月、副業の実労働時間を申告させることも有効です。

なお、労働時間の通算について、双方の労働時間をすべて把握することは管理上難しいという問題や、同じ労働を提供しているにもかかわらず、副業のあるなしで賃金が変わってしまうという問題などがあり、副業促進の妨げになっているとも言われています。労働時間の通算などについて、法改正を望む声もあるところです。

● 労働時間規制の対象とならない場合

労働基準法38条の労働時間の通算については、労働者のみが適用対象です。副業が自営業で業務委託契約や請負契約によって業務を提供している場合には、労働時間規制の適用対象外となり、労働時間を通算して１日８時間、１週40時間を超えても割増賃金の支払いは発生しません。また、労働者でも管理監督者などの立場にある者は、労働時間規制の対象外であるため、割増賃金の支払いは発生しません。

■ 割増賃金が発生するケース例 ·················

【ケース①】

A事業場（先契約）
所定労働時間
7時間

B事業場（後契約）
所定労働時間
3時間

← 8時間 →

→ 3時間のうち2時間について
割増賃金の支払義務が発生

【ケース②】

所定労働時間

	【月曜】	【火曜】	【水曜】	【木曜】	【金曜】	【土曜】	【日曜】
A事業場（先契約）	8時間	8時間	8時間	8時間	8時間		
B事業場（後契約）						8時間	

← 40時間 →

→ 8時間について割増
賃金の支払義務が発生

【ケース③】

A事業場（先契約）
所定労働時間 4時間　労働時間の延長 2時間 →

2時間について割増賃金の
支払義務が発生

B事業場（後契約）
所定労働時間 4時間

すでに法定労働時間に達している

【ケース④】

A事業場（先契約）
所定労働時間 4時間　労働時間の延長 1時間 →

この時点では法定労働時間
以下のため、割増賃金の
支払義務は発生しない

B事業場（後契約）
所定労働時間 3時間　労働時間の延長 1時間 →

法定労働時間まであと1時間の余裕がある

1時間について
割増賃金の支払
義務が発生

16 短時間・地域限定正社員制度について知っておこう

短時間の勤務で正社員として働くことができる制度

● 短時間正社員制度とは

　短時間正社員制度とは、他のフルタイムの正社員と比較して、その所定労働時間（所定労働日数）を短く設定して正社員として雇用する制度のことをいいます。短時間正社員制度について具体的に定めた法律はないため、労働基準法や最低賃金法などの法律を遵守する限り、企業内でこのような働き方を就業規則等で定めて独自のルールを決定することができます。

　短時間正社員に該当する要件として、①期間の定めのない雇用契約（無期労働契約）を締結している者であって、②時間当たりの基本給や賞与、退職金などの算定方法等が同一事業所に雇用される同種のフルタイムの正社員と同等である者であることが必要となります。

● 短時間正社員制度のメリットとデメリット

　短時間正社員制度の導入により、ライフスタイルやライフステージに応じたさまざまな働き方が可能となることから、多様な人材が正社員として勤務することが可能になります。

　また、育児や介護などさまざまな事情によってフルタイムで就業することが困難な人たちに対して、就業の継続や就業の機会を与えることができる点も大きな長所です。

　企業側にとっても、短時間正社員制度を通じて人材を確保することができるため、人材不足や社員が定着しないという課題の解決につながります。企業全体の生産性や効率が向上するとともに、少子・高齢化が進む我が国において、企業の社会的責任を果たすきっかけとして、

短時間正社員制度を位置付けることも可能です。

　ただし、短時間正社員制度にはデメリットもあります。まず、短時間正社員の勤務時間はフルタイムの正社員と比べて短いために、どうしても収入が低くなってしまいます。また、勤務時間の短さから、残業が発生するような負担の大きい業務や高難度の業務、責任の大きい業務を任されにくいため、短時間正社員によっては自身が望むような仕事を任されてもらえないこともあります。企業の側から見ても、短時間正社員に大きなプロジェクトなどを任せることが難しいという制約があることはデメリットでしょう。

● 短時間正社員をどのように管理すればよいのか

　企業が短時間正社員制度を導入する際には、労働条件についても綿密に検討することが重要となります。あくまでも正社員として登用する制度である以上、成果評価や人事評価の方法について、原則的に

■ **短時間正社員制度** ･･･

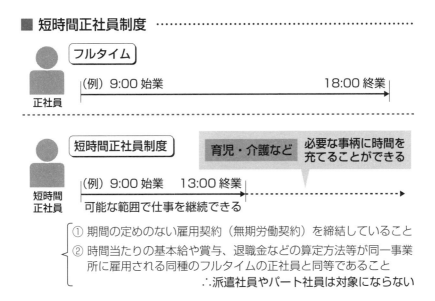

フルタイム

正社員

（例）9:00 始業　　　　　　　　　　　　　　18:00 終業

短時間正社員制度　｜育児・介護など｜ **必要な事柄に時間を充てることができる**

短時間正社員

（例）9:00 始業　　13:00 終業

可能な範囲で仕事を継続できる

① 期間の定めのない雇用契約（無期労働契約）を締結していること
② 時間当たりの基本給や賞与、退職金などの算定方法等が同一事業所に雇用される同種のフルタイムの正社員と同等であること
∴派遣社員やパート社員は対象にならない

他の正社員と同様の基準に従って判断する必要があります。さらに、キャリアアップの方法として短時間正社員制度を導入する企業については、具体的なキャリアの相互転換に関する規定をあらかじめ明確に定めておくべきでしょう。

● 地域限定正社員制度とは

短時間正社員制度とは別に、地域限定正社員制度を設けている会社もあります。短時間正社員が労働時間に制限がある正社員であるのに対し、地域限定正社員は、転勤に制限のある正社員のことをいいます。

地域限定正社員制度においては、全国的な転勤は不可として県内や市町村内での転勤のみ可能とすること、または、転勤はまったく行わない、とすることができます。

地域限定正社員制度を設けるメリットは、短時間正社員制度と同様に、多様な人材を確保できることです。最近では、仕事と家庭の両立が重要視され、単身赴任を拒否するケースがあります。転勤の有無によって有能な人材を確保することができないという事態を回避することが可能となります。

また、パートタイム・有期雇用労働法によって、正社員と有期雇用労働者の不合理な待遇差は禁止されていますが、転勤の有無は、不合理な待遇差の考慮要素のひとつとして挙げられるため、有期雇用労働者から正社員のステップアップとして、地域限定正社員制度を導入する企業も増えています。

17 労働基準法違反の罰則について知っておこう

罰金や懲役刑の対象になる

● 労働基準法違反に対しては懲役刑の罰則もある

労働基準法は労働条件の最低基準を定めている法律です。そのため、使用者が労働基準法で定められている労働時間のルールに違反して労働者を働かせると、その行為者および事業主に対して罰則が科せられます。

労働基準法で最も重い罰則が科されるのは、暴行、脅迫、監禁その他精神または身体の自由を不当に拘束する手段によって、労働者の意思に反して労働を強制する場合です（労働基準法5条、強制労働の禁止）。強制労働の禁止に違反した場合には、1年以上10年以下の懲役または20万円以上300万円以下の罰金が科されます（労働基準法で最も重い罰則です）。時間外労働については、たとえば、労使間で時間外労働について定めた労使協定がないにもかかわらず、法定労働時間を超えて労働させた場合には、6か月以下の懲役または30万円以下の罰金が科されます。また、変形労働時間についての労使協定の届出をしなかった場合には、30万円以下の罰金が科されます。

● 違反行為をした行為者だけでなく会社も罰せられる

たとえば、時間外労働を命じる権限を持つ部長が労働基準法に違反する残業を部下に命じて行わせた場合、その部長は行為者として労働基準法で定める罰則が科されます。これを行為者罰といいます。罰則は行為者自身にのみ科すのが原則です。

しかし、労働基準法では、行為者だけでなく会社などの事業主にも罰金刑を科すことを規定しています（生身の人間ではない会社に懲役

刑を科すことはできません）。具体的には、「この法律の違反行為をした者が、当該事業の労働者に関する事項について、事業主のために行為した代理人、使用人その他の従業者である場合においては、事業主に対しても各本条の罰金刑を科する」（労働基準法121条1項本文）と規定しています。このように違反行為をした行為者と事業主の両方に罰則を科すとする規定を両罰規定といいます。ただし、違反の防止に必要な措置をした事業主には罰金刑が科されません。

これに対し、事業主が違反の事実を知りその防止に必要な措置を講じなかった場合や、違反行為を知り、その是正に必要な措置を講じなかった場合または違反を教唆した（そそのかした）場合には、事業主も行為者として罰せられます。

● 付加金の支払いを命じられることもある

付加金とは、労働基準法で定める賃金や手当を支払わない使用者に対して、裁判所がそれらの賃金や手当とは別に支払いを命じる金銭です。裁判所は、解雇予告手当、休業手当、割増賃金、年次有給休暇手当を支払わなかった使用者に対し、労働者の請求により、未払金の他、これと同額の付加金の支払いを命じることができます。付加金の金額は未払金と同額であるため、平たく言えば、未払金の倍額を支払わなければならないことになります。

使用者の付加金支払義務が「いつ発生するのか」は、さまざまな考え方がありますが、付加金は、裁判所が支払いを命じることで初めて支払義務が発生するとの考え方が有力のようです。そのため、法定の支払期限に所定の金額が全額支払われなくても、その後に全額が支払われれば、労働者は付加金請求の申立てができず、裁判所も付加金の支払いを命じることはできません。また、付加金の請求権は、違反のあった時から3年で時効により消滅します。

■ 主な労働基準法の罰則 ·····································

1年以上10年以下の懲役又は20万円以上300万円以下の罰金	
強制労働をさせた場合（5条違反）	労働者の意思に反する強制的な労働

1年以下の懲役又は50万円以下の罰金	
中間搾取した場合（6条違反）	いわゆる賃金ピンハネ
児童を使用した場合（56条違反）	児童とは中学生までをいう

6か月以下の懲役又は30万円以下の罰金	
均等待遇をしない場合（3条違反）	国籍・信条・社会的身分を理由に差別
賃金で男女差別した場合（4条違反）	性別を理由に賃金を差別
公民権の行使を拒んだ場合（7条違反）	選挙権の行使等の拒絶が該当する
損害賠償額を予定する契約をした場合（16条違反）	実際の賠償自体は問題ない
前借金契約をした場合（17条違反）	身分拘束の禁止
強制貯蓄させた場合（18条1項違反）	足留め策の禁止
解雇制限期間中に解雇した場合（19条違反）	産前産後の休業中又は業務上傷病の療養中及びその後30日間
予告解雇しなかった場合（20条違反）	即時解雇の禁止
法定労働時間を守らない場合（32条違反）	三六協定の締結・届出がない等
法定休憩を与えない場合（34条違反）	途中に一斉に自由に
法定休日を与えない場合（35条違反）	所定と法定の休日は異なる
割増賃金を支払わない場合（37条違反）	三六協定の締結・届出と未払いは別
年次有給休暇を与えない場合（39条違反）	年次有給休暇の請求を拒否する
年少者に深夜業をさせた場合（61条違反）	年少者とは18歳未満の者
育児時間を与えなかった場合（67条違反）	育児時間とは1歳未満の子への授乳時間等のこと
災害補償をしなった場合（75～77、79、80条違反）	業務上傷病に対して会社は補償しなければならない
申告した労働者に不利益取扱をした場合（104条2項違反）	申告とは労働基準監督官などに相談すること

30万円以下の罰金	
労働条件明示義務違反（15条）	
法令や就業規則の周知義務違反（106条）	

パートタイマーの労働保険や社会保険への加入条件

　パートタイム・有期雇用労働法は、正社員と同視できる短時間・有期雇用労働者に対する差別取扱いを禁止しています。一定の要件に該当すれば、パートタイマーも労働保険や社会保険に加入する必要があります（下図）。労災保険は、事業所単位で強制加入ですので、パートタイマーも当然に適用対象です。雇用保険は、1週間の労働時間が20時間以上であるなどの要件を満たした労働者が被保険者になります。社会保険は、原則として1週間の労働時間と1か月の労働日数が正社員の4分の3以上の労働者が被保険者になります。1週間の労働時間または1か月の労働日数が正社員の4分の3未満の場合は、①1週の労働時間20時間以上、②月額賃金8.8万円以上（年収106万円以上）、③勤務期間2か月以上（見込みを含む）、④学生でない、⑤従業員が常時、厚生年金保険被保険者数101人以上の企業（令和6年10月からは51人以上）という要件を満たす労働者も被保険者になります（特定適用事業所）。

■ パートタイマーと労働保険・社会保険の適用 ······················

保険の種類		加入するための要件
労働保険	労災保険	なし（無条件で加入できる）
	雇用保険	31日以上引き続いて雇用される見込みがあり、かつ、1週間の労働時間が20時間以上であること
社会保険	健康保険	1週間の所定労働時間および1か月の所定労働日数が正社員の4分の3以上であること
	厚生年金保険	※1週間の所定労働時間または1か月の所定労働日数が正社員の4分の3未満で一定条件を満たしていること（本文参照）

第2章

割増賃金の取扱い

賃金・給料・報酬はどう違うのか

賃金は労働の「対償」として使用者から支払われるもの

● さまざまな法律に定められている

　労働者が働く上で、最大の関心をもっているのは、給与・賞与・退職金といった「賃金」のことではないでしょうか。賃金を含めた労働者の働き方のルールを定めているのが労働契約法、労働基準法などの労働法（労働者の働き方に関する法律、命令、通達、判例の総称）です。

　使用者と労働者の立場が対等であるとはいえず、弱い立場になりやすい労働者を保護するため、労働法は各種の規定を設けています。

　原則として、当事者間の合意があれば、自由に契約を締結することができます（契約自由の原則）。しかし、労働基準法の定める基準に満たない労働契約は、たとえ労働者が合意していても無効になり、無効となった部分は労働基準法が定める基準に従います。

　たとえば、労働者と使用者との間で「残業した場合も、割増賃金ではなく通常の賃金を支払う」という合意をしていた場合、使用者は割増賃金の支払いは不要とも思えます。しかし、労働基準法には「残業（原則として1日8時間、1週40時間の法定労働時間を超える労働）には割増賃金を支払わなければならない」との規定があるため、この合意は無効となり、労働者は使用者に割増賃金を請求できます。

● 賃金と給料との違い

　賃金については、一般的に「給与」とほぼ同じ意味として用いられるのに対し、「給料」とは区別して用いられます。給料とは、基本給のことを指し、残業代や各種の手当、賞与などは、給料に含めないのが一般的です。しかし、賃金には、労働の直接の対価である基本給や

残業代だけでなく、家族手当や住宅手当のように労働の対価よりも生計の補助として支払うものや、通勤手当のように労働の提供をより行いやすくさせるために支払うものも含まれるとされています。

さらに、休業手当や年次有給休暇中の賃金のように、実際に労働しなくても労働基準法が使用者に支払いを義務付けているものも賃金に含まれます。賞与や退職金は、当然には賃金に含まれませんが、労働協約・就業規則・労働契約で支給条件が決められていれば、使用者に支払いが義務付けられるので、賃金に含まれるとされています。

これに対し、ストック・オプションは賃金に含まれません。ストック・オプションとは、会社が役員や労働者に自社株を購入する権利を与えておき、一定の業績が上がった際、役員や労働者がその権利を行

■ 社会保険で報酬とされているものの範囲 ·····················

報酬の定義	事業に使用される者が労働の対償として受ける賃金、給料、俸給、手当または賞与およびこれに準ずるものをいい、臨時的なものや3か月を超える期間ごとに受けるものを除いたもの	
	報酬となるもの	**報酬とならないもの**
具体例 金銭での給付	・基本給、家族手当、勤務地手当、通勤手当、時間外手当、宿直・日直手当、住宅手当、精勤・皆勤手当、物価手当、役職手当、職階手当、休業手当、生産手当、食事手当、技術手当など ・年4回以上支給の賞与	・結婚祝金、慶弔金、病気見舞金、慰労金、解雇予告手当、退職金 ・事業主以外から受ける年金、傷病手当金、休業補償、出産手当金、内職収入、家賃・地代収入、預金利子、株主配当金など ・大入り袋、社内行事の賞金、出張旅費、功労金など ・年3回までの範囲で支給される賞与、決算手当、期末手当
現物での給付	・食事の手当（都道府県別の現物給与の標準価格による） ・住宅の供与（都道府県別の現物給与の標準価格による） ・通勤定期券、回数券	・制服・作業着 ・見舞金、記念的賞品など ・生産施設の一部である住居など

使して株式を取得し、これを売却して株価上昇分の差益を得ることができる制度です。なお、賃金は労働への対償としての性質を持っているため、会社が労働者に出張や顧客回りのための交通費を支給しても、これは会社の経費であって賃金ではありません。

● 給与の範囲は法律によって異なる

　労働基準法では、労働契約や就業規則などによってあらかじめ支給条件が明確にされている退職金や結婚祝金・慶弔金などは、給与に含めます（労働基準法では給与は「賃金」にあたります）。

　これに対し、社会保険（健康保険や厚生年金保険）では、労働契約や就業規則などによってあらかじめ支給条件が明確にされている退職金や結婚祝金・慶弔金などであっても、給与（社会保険では給与のことを「報酬」といっています）に含めないとされています。

● 賃金のデジタル払い

　賃金には通貨払いの原則が適用されますが、労働者の同意を条件として、本人名義の銀行口座または証券総合口座への賃金の支払いが例外として認められています。さらに、令和5年（2023年）4月1日以降は、過半数組合（過半数組合がない場合は過半数代表者）との間で労使協定を締結し、労働者への説明とその同意を得ることを条件として、本人名義の厚生労働大臣が指定した資金移動業者口座への賃金の支払いも、例外として認められるようになりました。

　厚生労働大臣が指定する資金移動業者は、主に「○○ペイ」などの名称で、キャッシュレス決済（バーコード決済など）を提供している業者を想定しており、指定を受けるためには多くの要件をクリアすることが要求されています。要件の一つとして、資金移動業者口座については、1円単位で現金化ができる口座であることを要し、現金化ができないポイントや仮想通貨などによる賃金の支払いは認められてい

ないことが挙げられます。

　また、使用者は、労働者に資金移動業者口座への賃金支払いを選択肢として提示する場合、現金での賃金支払いに加えて、銀行口座または証券総合口座への賃金支払いを選択肢としてあわせて提示しなければなりません。つまり、現金または資金移動業者口座のみを賃金支払いの選択肢として提示することは許されません。

◯ 賃金支払いの５原則とは何か

　労働基準法では、労働者保護の観点から、労働者が提供した労務に

■ 賃金支払いの５原則の内容 ……………………………………………

原則	内容	例外
❶通貨払い	現金（日本円）で支払うことを要し、小切手や現物で支払うことはできない	**労働協約が必要** ● 通勤定期券の現物支給、住宅貸与の現物支給 ● 外国通貨による支払い **労働者の同意が必要** ● 銀行口座への振込み、証券総合口座への払込み、資金移動業者口座への資金移動による支払い（いずれも本人名義の口座に限る） ● 退職金については、銀行振出小切手、郵便為替による支払い
❷直接払い	仕事の仲介人や代理人に支払ってはならない	● 使者である労働者の家族への支払い ● 派遣先の使用者を通じての支払い
❸全額払い	労働者への貸付金その他のものを控除してはならない	● 所得税、住民税、社会保険料の控除 **書面による労使協定が必要** ● 組合費、購買代金の控除など
❹毎月1回以上払い	毎月１回以上支払うことが必要	**臨時に支払われる賃金** ● 結婚手当、退職金、賞与など
❺一定期日払い	一定の期日に支払うことが必要	● １か月を超えて支払われる精勤手当、勤続手当など

ついて確実に賃金を受領できるようにするため、賃金支払いについて、①通貨払いの原則、②直接払いの原則、③全額払いの原則、④毎月1回以上払いの原則、⑤一定期日払いの原則、という5つの原則を定めており、賃金支払いの5原則と呼ばれています（前ページ図参照）。

● 最低賃金とは

　賃金の額は使用者と労働者との合意の下で決定されますが、景気の低迷や会社の経営状況の悪化などの事情で、一般的な賃金よりも低い金額を提示する使用者がいないとも限りません。

　そこで、賃金の最低額を保障することによって、労働者の生活の安定を図るために、最低賃金法が制定されています。最低賃金法の対象となるのは、労働基準法が定める労働者であり、パートタイマーやアルバイトも含まれます。派遣社員（派遣労働者）も当然に含まれますが、派遣社員については、派遣先の所在地（実際に就業している場所）における最低賃金額を満たしているのかどうかが判断されます。

　最低賃金額には、都道府県ごとに定められた地域別最低賃金と、特定の産業について定められた特定最低賃金があり、双方が同時に適用される労働者には、高い方の最低賃金額以上の賃金を支払わなければなりません。そして、個別の労働契約で、最低賃金法が定める最低賃金額を下回る賃金を設定しても、その部分は無効であり、最低賃金額によって労働契約を締結したものとみなされます。もし最低賃金額を下回る賃金しか支払っていない期間があれば、事業者は、さかのぼってその差額を労働者に支払わなければならなくなります。

　ただし、試用期間中の者や、軽易な業務に従事している者、一般の労働者と比べて著しく労働能力の低い労働者などについては、都道府県労働局長の許可を得ることによって、最低賃金額を下回る賃金を設定することが認められています。

Q 平均賃金算定方法のルールが知りたいのですが。

A 平均賃金は、①労働者が有給休暇を取得した場合、②労働者に減給処分をする場合、③労働者を解雇する際に労働者に支給する解雇予告手当、④使用者の責に帰すべき事由（不当解雇、原材料不足など）があって労働者を休業させるときに支払う休業手当などの算定に使用します。労働基準監督署の調査では、平均賃金に値する金額を支給しているかどうかについてもチェックされますので、気をつけなければなりません。

平均賃金の算出方法は原則として、「平均賃金を算定すべき事由の発生した日以前３か月間にその労働者に対し支払われた賃金の総額を、その期間の総日数で除した金額」になります。具体的な計算例は、下図のとおりです。これは、できるだけ直近の賃金額から平均賃金を算定することによって、労働者の収入の変動幅を少なくするためです。

ただし、この計算方法だと労働日数が少ない場合に平均賃金の金額も低下してしまうため、最低保障額の制度も用意されています。

■ 平均賃金の算出方法の原則 ･･････････････････････････････････

算定期間
３か月

算定事由発生日

３か月間の支払賃金の総額 ÷ ３か月間の総日数 ＝ 平均賃金

（例）４月21日から７月20日までの３か月間に合計90万円が支払われていた場合

90万（円）÷91（日）＝9890.1円 ⟶ 平均賃金 9890円

$$\frac{算定事由の発生した日以前３か月間にその労働者に支払われた賃金総額}{上記の３か月間の総日数}$$

【「以前３か月間」の意味】

算定事由の発生した日（＊）は含まず、その前日から遡って３か月
（賃金締切日がある場合は、直前の賃金締切日から遡って３か月）

（＊）「算定事由の発生した日」とは、
　　　解雇予告手当の場合「解雇通告した日」
　　　休業手当の場合「その休業日の初日」
　　　年次有給休暇中の賃金の場合「有給休暇の初日」
　　　災害補償の場合「事故発生の日又は疾病の発生が確定した日」
　　　減給の制裁の場合「制裁意思が労働者に到達した日」

【計算基礎から除外する期間・賃金】

・業務上のケガや病気（業務災害）による休業期間
・産前産後の休業期間
・使用者の責に帰すべき事由による休業期間
・育児・介護休業法による育児・介護休業期間
・試用期間

【賃金総額から除外される賃金】

・臨時に支払われた賃金（結婚祝金、私傷病手当など）
・３か月を超える期間ごとに支払われた賃金（賞与など）
・法令・労働協約に基づかない現物給与

【平均賃金の最低保障額】

日給制、時間給制などの場合、勤務日が少ないと上記の計算式では異常
に低くなってしまう場合があるため、最低保障額が定められている。上
記計算式の算出額と、次の計算式の算出額を比較し、多い方を平均賃金
とする。

・賃金が日給、時間給、出来高給その他の請負制であった場合

$$\frac{３か月間の賃金総額}{その期間中に労働した日数} \times \frac{60}{100} \cdots Ⓐ$$

・雇入れ後３か月に満たない者の場合

　　　雇入れ後に支払われた賃金総額÷雇入れ後の期間の総日数

割増賃金について知っておこう

残業などには所定の割増賃金の支払が義務付けられている

● 割増賃金とは

　使用者は、労働基準法37条により、労働者の時間外・深夜・休日労働に対して、割増賃金の支払義務を負います。

　割増率については、まず、法定労働時間（原則として1日8時間、1週40時間）を超えて労働者を働かせた時間外労働の割増率は25％以上です。ただし、1か月60時間を超える部分についての時間外労働の割増率は50％以上です。令和5年（2023年）4月1日以降は、この50％の割増率が中小企業にも適用されています。

　次に、深夜労働（原則として午後10時から午前5時まで）についても、同様に25％以上の割増率です。時間外労働と深夜労働が重なった場合、2つの割増率を合計することになりますので、50％以上の割増率です（時間外労働が1か月60時間を超えている場合の割増率は75％以上）。

　また、法定休日に労働者を働かせた場合は、休日労働として35％以上の割増率になります。休日労働と深夜労働が重なった場合、割増率は60％以上になります。

● 割増賃金の計算の手順

　割増賃金を計算する手順は、まず月給制や日給制などの支払方法にかかわらず、すべての労働者の1時間あたりの賃金を算出します。

　その額に割増率を掛けた金額が割増賃金になります。

　賃金には労働の対償として支給されるものの他、個人的事情にあわせて支給される賃金もあります。家族手当や通勤手当がこれにあたります。これらの個人的事情にあわせて支給される賃金は割増賃金の計

算の基礎となる賃金から除くことになっています。

　割増賃金の計算の基礎から除く手当としては、①家族手当、②通勤手当、③別居手当、④子女教育手当、⑤住宅に要する費用に応じて支給する住宅手当、⑥臨時に支払われた賃金、⑦１か月を超える期間ごとに支払われる賃金があります。

● 時間給の計算方法

　割増賃金は１時間あたりの賃金を基礎とするので、まずは時間給を計算します。

① 　時給

　時給とは、１時間あたりいくらで仕事をするという勤務形態です。時給の場合、その時給がそのまま１時間あたりの賃金になります。

　１時間あたりの賃金＝時給

② 　日給

　日給とは１日あたりいくらで仕事をするという勤務形態です。日給の場合、日給を１日の所定労働時間で割って１時間あたりの賃金を算出します。

　１時間あたりの賃金＝日給÷１日の所定労働時間

③ 　出来高払い

　歩合給などの出来高払いの賃金の場合、出来高給の金額を１か月の総労働時間数で割った金額が１時間あたりの賃金になります。

　１時間あたりの賃金＝出来高給÷１か月の総労働時間数

④ 　月給

　月給は、給与を月額いくらと定めて支払う方法です。月給の場合、月給の額を１か月の所定労働時間で割って１時間あたりの賃金を算出します。

　１時間あたりの賃金＝月給÷１か月の所定労働時間

　ただし、１か月の所定労働時間は月によって異なるにもかかわらず、月ごとに所定労働時間を計算してしまうと、毎月の給与は同じであっ

ても割増賃金の単価（1時間あたりの賃金）が毎月違う、という不都合が生じてしまいます。そこで、月給制の1時間あたりの賃金を計算する場合、年間の所定労働時間から1か月あたりの平均所定労働時間を計算して、「月給（基本給）÷1か月の平均所定労働時間」を求めた金額を1時間あたりの賃金とします。

■ 割増賃金の計算方法 ･･･

> **前提**
> ・基本給のみの月給制
> ・1日の所定労働時間は8時間（始業9時・終業18時・休憩1時間）
> ・完全週休2日制（法定休日は日曜日）

❶ 賃金単価の算出

基本給 ÷ 1か月 平均所定労働時間 = 1時間あたりの賃金単価

❷ 1か月の残業時間、深夜労働時間及び法定休日労働時間の算出

・1日ごとの残業時間（法定外休日労働時間を含む）を端数処理せずに1か月を合計
・1日ごとの深夜労働時間を端数処理せずに1か月を合計
・法定休日労働時間を端数処理せずに1か月を合計

❸ 1か月の割増賃金の算出

60時間までの残業時間	×	1時間賃金単価	×	割増率(1.25以上)	=	60時間までの残業の割増賃金	**A**
60時間を超える残業時間	×	1時間賃金単価	×	割増率(1.5以上)	=	60時間を超える残業の割増賃金	**B**
深夜労働時間	×	1時間賃金単価	×	割増率(0.25以上)	=	深夜労働の割増賃金	**C**
法定休日労働時間	×	1時間賃金単価	×	割増率(1.35以上)	=	法定休日労働の割増賃金	**D**

❹ 受け取る賃金の算出

A + **B** + **C** + **D** = 1か月の受け取る割増賃金の合計額

休日労働が許される場合とはどんな場合でしょうか。時間外労働や休日労働を拒否されたらどうすればよいでしょうか。

 使用者が、労働者に休日労働を命じることができるのは、①臨時の必要がある場合、②三六協定を結んだ場合、③公務員に限り「公務のため臨時の必要」がある場合です。①の場合は、原則として所轄労働基準監督署長の許可が必要です。

休日労働をさせた場合、使用者は35%以上の割増率で計算した割増賃金を支払わなければなりません。なお、休日労働を行っている労働者について、他に割増賃金の支払いが必要な事由が発生した場合の取扱いにも注意が必要です。具体的には、休日労働の中で、労働者が深夜労働を行った場合には、割増賃金率は合算され（休日労働の割増率35%以上、深夜労働の割増率25％以上）、60％以上の割増率で計算した割増賃金の支払いが必要になります。

●時間外労働や休日労働を拒否されたら

社員はこのような業務命令を拒否できるのでしょうか。それは時間外・休日労働が労働者の義務となるかどうかがポイントとなります。就業規則などに「業務の必要により時間外労働や休日労働を命ずることがある」など、使用者が労働者に時間外・休日労働を命じ得る根拠となる規定があり、「時間外・休日労働に関する協定」（三六協定）を締結し、所轄労働基準監督署に届出が行われ、就業規則などにも定めがある場合は、原則として、労働者に時間外・休日労働の義務が生じ、正当の理由なくこれを拒否することは業務命令違反になると考えられます。一方、個別の労働契約を締結する際に「時間外労働や休日労働はさせない」と明示している場合は、その労働者に対し時間外・休日労働をさせることはできません。

Q 遅刻した日に就業時間を過ぎたらどうなるのでしょうか。

A 遅刻してきた社員が、終業時刻以降も仕事をすることがあります。労働基準法では、1日8時間を超えて労働させた場合には時間外労働手当を支給しなければならないと規定しています。

つまり、所定労働時間が8時間の場合、1時間遅刻した者が1時間延長勤務しても実労働時間は8時間のため、労働基準法の規定する時間外労働にはなりません。そこでこのような場合は、時間外労働手当を支払わなくてもよいことになります。ただし、前日1時間遅刻したから、といって当日の1時間の時間外労働を相殺するようなことはできません。遅刻分を給与から控除するのは問題ありませんが、時間外労働分は支払わなければなりません。また、遅刻した時間分と終業時刻後の労働時間分が同じでも、その時間分が深夜労働の時間帯にかかる場合は、別途深夜労働手当が必要になります。

Q 持ち帰りの残業には割増賃金の支払いは必要なのでしょうか。

A 社員が自主的に仕事を持ち帰った場合、原則として時間外労働にはなりません。自宅に持ち帰って仕事をしている場合は、上司の管理監督下にはない状態ですので、労働時間外ということになります。ただし、例外として、緊急を要する場合や納期が迫っている場合など、自宅に持ち帰って仕事をする状況を会社が作っているような場合は、時間外労働となります。その場合の時間数の計算は、通常であればその業務を遂行するのに要する時間を推測して決定することになります。

割増賃金の支払いに代えて休暇を付与することもできる

1か月60時間超の時間外労働は休暇と交換できる

● 代替休暇とは

　1か月60時間を超える時間外労働をさせた場合、超える部分については50％以上の割増率を乗じた割増賃金の支払いが必要です。厚生労働省の過労死等防止対策白書（令和4年版）によれば、月末1週間の就業時間が週60時間以上の労働者の割合は約5％で、30歳代・40歳代の男性労働者に限定すると約10％です。

　上記の割合は減少傾向にありますが、長時間労働の抑制と労働者の健康維持のため、時間外労働への代償として、割増賃金の支払いではなく休暇を付与する方法（代替休暇）があります。具体的には、労使協定の締結により、1か月の時間外労働が60時間を超えた場合、通常の割増率（25％）を上回る部分の割増賃金の支払いに代えて、有給休暇を与えることが認められています。代替休暇は労働者への休息の機会の付与が目的ですから、付与の単位は1日または半日とされています。また、代替休暇に振り替えられるのは、通常の割増率を上回る部分の割増賃金を時間換算したものです。通常の割増率の部分は、これまで通り25％以上の割増率による割増賃金の支払いが必要です。

● 労使協定で定める事項

　代替休暇を与えるためには、事業場の労働者の過半数で組織する労働組合（過半数組合）、または過半数組合がない場合は事業場の労働者の過半数を代表する者（過半数代表者）と間で、労使協定を締結しなければなりません。

　労使協定で定めなければならない事項として、①代替休暇として与

えることができる時間数の算定方法、②代替休暇の単位、③代替休暇を与えることができる期間、④代替休暇の取得日の決定方法、⑤割増賃金の支払日、があります。

①の時間数の算定方法ですが、1か月の時間外労働時間数から60を差し引いて、換算率を乗じます。この換算率は、法定通りの割増率の場合は、60時間を超えた部分の時間外労働の割増率50％から通常の時間外労働の割増率25％を差し引いた25％となります。法定を上回る割増率を定めている場合は、60時間を超えた時間外労働の割増率から通常の時間外労働の割増率を引いた数字になります。たとえば、通常の時間外労働の割増率が30％、1か月60時間を超える時間外労働の割増率が65％の場合は、65から30を差し引いた35％が換算率になります。

③の代替休暇を与えることができる期間は、長時間労働をした労働者の休息の機会を与えるための休暇ですから、時間外労働をした月と近接した期間内でなければ意味がありません。そのため、労働基準法施行規則で、時間外労働をした月から2か月以内、つまり翌月または翌々月と定められています。労使協定ではこの範囲内で定めます。

■ 割増賃金の支払いと代替休暇の付与 ………………………………

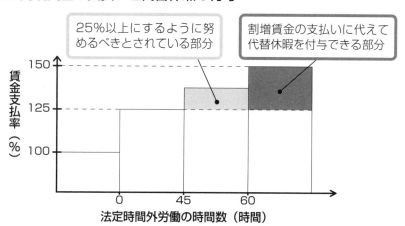

25％以上にするように努めるべきとされている部分

割増賃金の支払いに代えて代替休暇を付与できる部分

賃金支払率（％）

150
125
100

0　　45　　60

法定時間外労働の時間数（時間）

代替休暇に関する協定書

　日本パソコン株式会社（以下「会社」という）と日本パソコン株式会社従業員代表川野三郎（以下「従業員代表」という）は、就業規則第○条の代替休暇について、以下のとおり協定する。

記

1　会社は、別に従業員代表と締結した特別条項付三六協定における、従業員の労働時間として賃金計算期間の初日を起算日とする1か月につき60時間を超える時間外労働時間部分を、代替休暇として取得させることができる。

2　代替休暇として与えることができる時間数の算定は、次のとおりとする。
（1か月の時間外労働時間数－60）×0.25

3　代替休暇は、半日（4時間）または1日（8時間）単位で与えられる。この場合の半日とは、午前半日休暇（午前8時00分より午後0時00分）または午後半日休暇（午後1時00分より午後5時00分）のそれぞれ4時間のことをいう。

4　代替休暇は、60時間を超える時間外労働時間を行った月の賃金締切日の翌日から起算して、2か月以内に取得させることができる。

5　代替休暇を取得しようとする者は、60時間を超える時間外労働時間を行った月の賃金締切日の翌日から起算して10日以内に人事部労務課に申請するものとする。

6　期日までに前項の申請がない場合は、代替休暇を取得せずに、割増賃金の支払いを受けることを選択したものとみなす。

7　期日までに前項の申請がなかった者が、第4項の期間内の日を指定して代替休暇の取得を申し出た場合は、会社の承認により、代替休暇を与えることがある。この場合、取得があった月に係る賃金支払日に過払分の賃金を清算するものとする。

8　本協定は、令和○年4月1日より効力を発し、有効期間は1年間とする。
　会社と従業員は協力し、長時間の時間外労働を抑止するものとし、本協定に疑義が生じた場合は、誠意をもって協議し解決を図るものとする。

以上

令和○年3月25日

日本パソコン株式会社
代表取締役　山田　太郎　㊞
従業員代表　川野　三郎　㊞

4 三六協定について知っておこう

残業をさせるには労使間で三六協定を締結し届け出る必要がある

● 三六協定を結ばずに残業をさせることは違法

　時間外労働および休日労働（本項目ではまとめて「残業」と表現します）は、労使間で書面による労使協定を締結し、行政官庁に届け出ることによって、一定の範囲内で残業を行う場合に認められます。この労使協定は労働基準法36条に由来することから三六協定といいます。

　同じ会社であっても、残業の必要性は事業場ごとに異なりますから、三六協定は事業場ごとに締結しなければなりません。三六協定は、事業場の労働者の過半数で組織する労働組合（過半数組合）、または過半数組合がないときは労働者の過半数を代表する者（過半数代表者）との間で、書面によって締結し、これを労働基準監督署に届ける必要があります。

　過半数代表者との間で三六協定を締結する場合は、その選出方法にも注意が必要です。選出に関して証拠や記録がない場合、代表者の正当性が否定され、三六協定自体の有効性が問われます。そこで、選挙で選出する場合は、投票の記録や過半数の労働者の委任状を残しておくと、後にトラブルが発生することを防ぐことができます。なお、管理監督者は過半数代表者になることができません。管理監督者を過半数代表者として選任して三六協定を締結しても無効となる、つまり事業場に三六協定が存在しないとみなされることに注意が必要です。

　三六協定は届出をしてはじめて有効になります。届出の際は原本とコピーを提出し、コピーの方に受付印をもらい会社で保管します。労働基準監督署の調査が入った際に提示を求められることがあります。

● 三六協定に加えて就業規則などの定めが必要となる

三六協定は個々の労働者に残業を義務付けるものではなく、「残業をさせても使用者は刑事罰が科されなくなる」（免罰的効果）というだけの消極的な意味しかありません。使用者が残業を命じるためには、三六協定を結んだ上で、労働協約、就業規則または労働契約の中で、業務上の必要性がある場合に三六協定の範囲内で時間外労働を命令できることを明確に定めておくことが必要です。

使用者は、時間外労働について25％以上の割増率（月60時間を超える分は50％以上の割増率）、休日労働について35％以上の割増率の割増賃金を支払わなければなりません（91ページ）。三六協定を締結せずに残業させた場合は違法な残業となりますが、違法な残業についても割増賃金の支払いは必要ですので注意しなければなりません。

なお、三六協定で定めた労働時間の上限を超えて労働者を働かせた者には、6か月以下の懲役または30万円以下の罰金が科されます（事業主にも30万円以下の罰金が科されます）。

● 就業規則の内容に合理性が必要

最高裁判所の判例は、三六協定を締結したことに加えて、以下の要件を満たす場合に、就業規則の内容が合理的なものである限り、それが労働契約の内容となるため、労働者は残業（時間外労働および休日労働）の義務を負うとしています。

・三六協定の届出をしていること
・就業規則が当該三六協定の範囲内で労働者に時間外労働をさせる旨について定めていること

以上の要件を満たす場合、就業規則に従って残業を命じる業務命令（残業命令）が出されたときは、正当な理由がない限り、労働者は残業を拒否することができません。残業命令に従わない労働者は業務命令違反として懲戒の対象になることもあります。

前述したように、三六協定の締結だけでは労働者に残業義務は発生しません。三六協定は会社が労働者に残業をさせても罰則が科されないという免罰的効果しかありません。就業規則などに残業命令が出せる趣旨の規定がなければ、正当な理由もなく残業を拒否されても懲戒の対象にはできませんので注意が必要です。

　なお、会社として残業を削減したい場合や、残業代未払いのトラブルを防ぎたい場合には、残業命令書・申請書などの書面を利用して労働時間を管理するのがよいでしょう。また、残業が定例的に発生すると、残業代が含まれた給与に慣れてしまいます。その金額を前提にライフサイクルができあがると、残業がなくなると困るので、仕事が少なくても残業する労働者が出てくることがあります。そのような事態を防ぐためにも、会社からの残業命令または事前申請・許可がなければ残業をさせないという毅然とした態度も必要です。あわせて労働者が残業せざるを得ないような分量の業務を配分しないことも重要です。

● 三六協定の締結方法

　三六協定で締結しておくべき事項は、①時間外・休日労働をさせる（残業命令を出す）ことができる労働者の範囲（業務の種類、労働者の数）、②対象期間（起算日から1年間）、③時間外・休日労働をさせることができる場合（具体的な事由）、④「1日」「1か月」「1年間」の各期間について、労働時間を延長させることができる時間（限度時間）または労働させることができる休日の日数などです。

　④の限度時間については、かつては厚生労働省の告示で示されていましたが、平成30年（2018年）成立の労働基準法改正で、労働基準法に明記されました。1日の時間外労働の限度時間は定められていませんが、1か月45時間、1年360時間（1年単位の変形労働時間制を採用している場合は1か月42時間、1年320時間）を超える時間外労働をさせることは、後述する特別条項付き三六協定がない限り、労働基

準法違反になります。かつての厚生労働省の告示の下では「1週間」「2か月」などの限度時間を定めることもありましたが、現在の労働基準法の下では「1日」「1か月」「1年」の限度時間を定める必要があります。

　また、三六協定には②の対象期間とは別に有効期間の定めが必要ですが、その長さは労使の自主的な判断に任せています。ただし、対象期間が1年間であり、協定内容の定期的な見直しが必要であることから、1年ごとに三六協定を締結し、有効期間が始まる前までに届出をするのが望ましいとされています。

　労使協定の中には、労使間で「締結」をすれば労働基準監督署へ「届出」をしなくても免罰的効果が生じるものもありますが、三六協定については「締結」だけでなく「届出」をしてはじめて免罰的効果が発生するため、必ず届け出ることが必要です。

　なお、法改正によって法律に時間外労働の上限が規定されたため、三六協定で定める必要がある事項が変わりました。三六協定届の新しい様式例は106 〜 108ページのとおりです。

◉ 特別条項付き三六協定とは

　労働者の時間外・休日労働については、労働基準法の規制に従った上で、三六協定により時間外労働や休日労働をさせることができる上

■ 時間外労働をさせるために必要な手続き ………………………

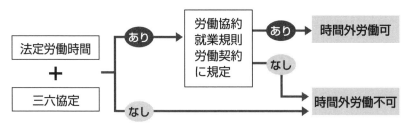

限（限度時間）が決められます。しかし、実際の事業活動の中では、時間外・休日労働の限度時間を超過することもあります。そのような「特別な事情」に備えて特別条項付きの時間外・休日労働に関する協定（特別条項付き三六協定）を締結しておけば、限度時間を超えて時間外・休日労働をさせることができます。平成30年（2018年）成立の労働基準法改正により、特別条項付き三六協定による時間外・休日労働の上限などが労働基準法で明記されました。

　特別条項付き三六協定が可能となる「特別な事情」とは、「事業場における通常予見することのできない業務量の大幅な増加等に伴い臨時的に限度時間を超えて労働させる必要がある場合」（労働基準法36条5項）になります。

　そして、長時間労働を抑制するため、①1か月間における時間外・休日労働は100時間未満、②1年間における時間外労働は720時間以内、③2〜6か月間における1か月平均の時間外・休日労働はそれぞれ80

■ 三六協定・特別条項付き三六協定 ……………………………………

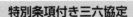

三六協定 時間外労働の限度時間は月45時間・年360時間

↓

**1年につき6か月を上限として限度時間を超えた
時間外・休日労働の時間を設定できる**

⇩

特別条項付き三六協定

【特別な事情（一時的・突発的な臨時の事情）】が必要

① 予算・決算業務
② ボーナス商戦に伴う業務の繁忙
③ 納期がひっ迫している場合
④ 大規模なクレームへの対応が必要な場合

【長時間労働の抑止】

※1か月につき100時間未満で時間外・休日労働をさせることができる時間を設定

※1年につき720時間以内で時間外労働をさせることができる時間を設定

時間以内、④1か月間における時間外労働が45時間を超える月は1年間に6か月以内でなければなりません。これらの長時間労働規制を満たさないときは、刑事罰の対象となります（6か月以下の懲役または30万円以下の罰金）。

● 三六協定違反に対する罰則とリスク

　三六協定に違反した場合、主に①刑事上のリスク、②民事上のリスク、③社会上のリスクを負うことになります。

①　刑事上の罰則

　労働管理者（取締役、人事部長、工場長など）に懲役または罰金が科せられ、事業主にも罰金が科せられることになります。悪質な場合は労働管理者が逮捕されて取り調べを受ける場合もあります。

②　民事上のリスク

　三六協定に違反する長時間労働をさせたことにより労働者が過労死した場合、会社には何千万円といった単位での損害賠償を命じる判決が出される可能性もあります。

③　社会上のリスク

　会社が刑事上・民事上の制裁を受けたことがマスコミによって公表されると、会社の信用に重大なダメージを負います。そうなると、これまで通りの事業を継続するのは難しくなるでしょう。近年、違法な長時間労働や残業代未払いが報道され、社会的関心が高まっていることを考えると、取り返しのつかない事態を防ぐため、事業主や労働管理者は三六協定違反にとりわけ慎重に対応すべきといえます。

● 上限規制の適用が猶予・除外されていた事業・業務について

　前述したように、平成30年（2018年）成立の労働基準法改正で、平成31年（2019年）4月から長時間労働規制が導入（適用）されました（中小企業は令和2年4月から導入）。

ただ、以下の事業・業務については、導入が猶予されてきましたが、令和6年（2024年）4月から長時間労働規制が導入されますので、これらの事業・業務においても、時間外労働及び休日労働に関する協定を締結した上で、三六協定の内容に合った様式を作成し、所轄の労働基準監督署に届出を行う必要があります。

・建設事業（災害の復旧・復興の事業を除く）
・自動車運転の業務
・医師
・鹿児島県及び沖縄県における砂糖製造業

● 三六協定届の電子申請

　三六協定を届け出る際には、法律に定める要件を満たしていなければ受理されません。協定内容が法律の要件を満たしているかどうかについて確認するために、オンライン上で労働基準監督署に届出が可能な三六協定届の作成ができるツール（三六協定届等作成支援ツール）もありますので活用してみるとよいでしょう。

https://www.startup-roudou.mhlw.go.jp/support.html

　また、三六協定の届出は電子申請で届出することも可能です。三六協定届や就業規則の届出など、労働基準法に関する届出等は、「e-Gov（イーガブ）」から、電子申請をすることができます。

書式　時間外労働・休日労働に関する協定届（一般条項）

様式第9号（第16条第1項関係）

時間外労働
休日労働
に関する協定届

労働保険番号								
都道府県	所掌	管轄	基幹番号	枝番号				被一括事業場番号
法人番号								

事業の種類	事業の名称	事業の所在地（電話番号）		協定の有効期間
ソフトウェア開発業	日本パソコン株式会社	（〒○○○ー○○○○）東京都港区芝中央1－2－3 （電話番号：03－×××× ー××××）		令和○年4月1日から 1年間

	時間外労働をさせる必要のある具体的事由	業務の種類	労働者数（満18歳以上の者）	所定労働時間（1日）（任意）	1日		1箇月（①については45時間まで、②については42時間まで）		1年（①については360時間まで、②については320時間まで）	
						法定労働時間を超える時間数	所定労働時間を超える時間数（任意）	起算日（年月日）令和○年4月1日		
					法定労働時間を超える時間数	所定労働時間を超える時間数（任意）	法定労働時間を超える時間数	所定労働時間を超える時間数（任意）	法定労働時間を超える時間数	所定労働時間を超える時間数（任意）
時間外労働 ① 下記②に該当しない労働者	臨時の受注、納期変更	設計	10人	8時間	2時間	3時間	20時間	30時間	200時間	250時間
	月末の決算事務	経理	5人	同上	3時間	同上	30時間		250時間	
② 1年単位の変形労働時間制により労働する労働者	臨時の受注、納期変更	企画	10人	同上	3時間		30時間		250時間	

	休日労働をさせる必要のある具体的事由	業務の種類	労働者数（満18歳以上の者）	所定休日（任意）	労働させることができる法定休日の日数	労働させることができる法定休日における始業及び終業の時刻
休日労働	臨時の受注、納期変更	設計	10人	土曜・日曜・祝日	1か月に1日	8：30～17：30

上記で定める時間数にかかわらず、時間外労働及び休日労働を合算した時間数は、1箇月について100時間未満でなければならず、かつ2箇月から6箇月までを平均して80時間を超過しないこと。☑（チェックボックスに要チェック）

協定の成立年月日　令和○年　3　月　12　日

協定の当事者である労働組合（事業場の労働者の過半数で組織する労働組合）の名称又は労働者の過半数を代表する者の　職名　設計課主任（一般職）
氏名　川　野　三　郎

協定の当事者（労働者の過半数を代表する者の場合）の選出方法（　投票による選挙　）

上記協定の当事者である労働組合が事業場の全ての労働者の過半数で組織する労働組合である場合、又は上記協定の当事者である労働者の過半数を代表する者が事業場の全ての労働者の過半数を代表する者であること。☑（チェックボックスに要チェック）

上記労働者の過半数を代表する者が、労働基準法第41条第2号に規定する監督又は管理の地位にある者でなく、かつ、同法に規定する協定等をする者を選出することを明らかにして実施される投票、挙手等の方法による手続により選出された者であって使用者の意向に基づき選出されたものでないこと。☑（チェックボックスに要チェック）

令和○年　3　月　15　日

使用者　職名　代表取締役社長
氏名　山　田　太　郎

　三田　労働基準監督署長殿

106

様式第9号の2（第16条第1項関係）

時間外労働
休日労働　に関する協定届

労働保険番号

法人番号

事業の種類	事業の名称	事業の所在地（電話番号）	協定の有効期間
金属製品製造業	株式会社○○金属　□□工場	（〒000-0000）東京都板橋区板橋5-2-5 （電話番号：03-XXXX-XXXX）	令和○年4月1日から 1年間

時間外労働

	時間外労働をさせる必要のある具体的事由	業務の種類	労働者数（満18歳以上の者）	所定労働時間（1日）（任意）	1日 法定労働時間を超える時間数	1日 所定労働時間を超える時間数（任意）	1箇月（①については45時間まで、②については42時間まで）法定労働時間を超える時間数	1箇月 所定労働時間を超える時間数（任意）	1年（①については360時間まで、②については320時間まで）起算日（年月日）令和○年4月1日 法定労働時間を超える時間数	1年 所定労働時間を超える時間数（任意）
① 下記②に該当しない労働者	臨時の受注、納期の変更	設計	15人	7.5時間	2時間	2.5時間	15時間	25時間	150時間	270時間
	月末の決算事務	経理	7人	7.5時間	3時間	3.5時間	20時間	30時間	150時間	270時間
② 1年単位の変形労働時間制により労働する労働者	棚卸	購買	6人	7.5時間	3時間	3.5時間	25時間	35時間	200時間	320時間

休日労働

休日労働をさせる必要のある具体的事由	業務の種類	労働者数（満18歳以上の者）	所定休日（任意）	労働させることができる法定休日の日数	労働させることができる法定休日における始業及び終業の時刻
臨時の受注、納期の変更	設計	12人	土曜・日曜・祝日	1か月に1日	9:00～17:00

上記で定める時間数にかかわらず、時間外労働及び休日労働を合算した時間数は、1箇月について100時間未満でなければならず、かつ2箇月から6箇月までを平均して80時間を超過しないこと。☑（チェックボックスに要チェック）

様式第9号の2（第16条第1項関係）

時間外労働
休日労働 に関する協定届（特別条項）

臨時的に限度時間を超えて労働させることができる場合	業務の種類	労働者数（満18歳以上の者）	1日（任意）		1箇月（時間外労働及び休日労働を合算した時間数。100時間未満に限る。）			1年（時間外労働のみの時間数。720時間以内に限る。）		
			限度時間を超えて労働させることができる時間数	延長することができる時間数及び休日労働の時間数	限度時間を超えて労働させることができる回数（6回以内に限る。）	延長することができる時間数及び休日労働の時間数	限度時間を超えた労働に係る割増賃金率	起算日（年月日）		
			法定労働時間を超える時間数	所定労働時間を超える時間数（任意）		法定労働時間を超える時間数と休日労働の時間数を合算した時間数	所定労働時間を超える時間数と休日労働の時間数を合算した時間数（任意）		法定労働時間を超える時間数	所定労働時間を超える時間数（任意）
新システムの導入	設計	20人	6時間	6.5時間	4回	80時間	90時間	35%	550時間	670時間
製品の不具合・大規模なクレームへの対応	検査	10人	6時間	6.5時間	4回	80時間	90時間	35%	500時間	620時間

（1年について法定労働時間を超える時間数に係る割増賃金率 35%）

限度時間を超えて労働させる場合における手続
労働者代表者に対する事前の申入れ

限度時間を超えて労働させる労働者に対する健康及び福祉を確保するための措置
（該当する番号）（2、3、7）
対象労働者を午後10時から午前5時までの間に労働させる回数を1か月3回以内にする、対象労働者に11時間の勤務間インターバルを設定、対象労働者の心身の健康問題に関する相談窓口の設置

上記で定める時間数にかかわらず、時間外労働及び休日労働を合算した時間数は、1箇月について100時間未満でなければならず、かつ2箇月から6箇月までを平均して80時間を超過しないこと。 ☑（チェックボックスに要チェック）

協定の成立年月日　令和○年　3月　12日

協定の当事者である労働組合（事業場の労働者の過半数で組織する労働組合）の名称又は労働者の過半数を代表する者の　職名　設計第1課主任　氏名　鈴木一郎

協定の当事者（労働者の過半数を代表する者の場合）の選出方法（　投票による選挙　）

上記協定の当事者である労働組合が事業場の全ての労働者の過半数で組織する労働組合である又は上記協定の当事者である労働者の過半数を代表する者が事業場の全ての労働者の過半数を代表する者であること。 ☑（チェックボックスに要チェック）

上記労働者の過半数を代表する者が、労働基準法第41条第2号に規定する監督又は管理の地位にある者でなく、かつ、同法に規定する協定等をする者を選出することを明らかにして実施される投票、挙手等の方法による手続により選出された者であって、使用者の意向に基づき選出されたものでないこと。 ☑（チェックボックスに要チェック）

令和○年　3月　15日

使用者　職名　工場長　氏名　伊藤四朗

池袋　労働基準監督署長殿

5 建設業、自動車運転業務の三六協定の届出

一般条項と特別条項とでは協定届の様式が異なる

● 令和6年4月1日以降は三六協定の締結・届出が必要

　前述したように、令和6年（2024年）4月1日以降、事業者が時間外労働・休日労働をさせるためには、「時間外労働及び休日労働に関する協定」（三六協定）を締結した上で、三六協定の内容に沿う様式に従って届出書「時間外労働・休日労働に関する協定届」を作成して所轄の労働基準監督署に届出を行う必要があります。届出をせずに時間外労働や休日労働をさせた場合には違法となります。

　ここでは、建設業務の場合と、トラック、バスおよびタクシーといった自動車運転業務の場合のそれぞれにおける、協定届の記載について説明します。

・建設業務の場合

　月45時間超の時間外・休日労働が見込まれず、災害時の復旧・復興の対応が見込まれる場合（一般条項）には、様式9号の3の2（110ページ）を使用します。これに対し、月45時間超の時間外・休日労働が見込まれ、災害時の復旧・復興の対応が見込まれる場合限度時間を超える場合（特別条項）には、様式9号の3の3（111ページ）を使用します（書式は一部（2枚目）のみ掲載しています）。

・自動車運転業務の場合

　1か月45時間・1年360時間以内の時間数の場合（一般条項）には様式9号の3の4（112、114、116ページ）を使用します。これに対し、1か月45時間・1年360時間を超える時間数の場合（特別条項）には、様式9号の3の5（113、115、117ページ）を使用します。

様式第9号の3の2（第70条関係）

時間外労働
休日労働　に関する協定届

労働保険番号

法人番号

事業の種類	事業の名称	事業の所在地（電話番号）	協定の有効期間
土木工事業	○○建設株式会社○○支店	（〒○○○－○○○○） ○○市○○町1－2－3 （電話番号：○○○○－○○○○）	○○○○年4月1日 から1年

時間外労働

	時間外労働をさせる必要のある具体的事由	業務の種類	労働者数（満18歳以上の者）	所定労働時間（1日）（任意）	延長することができる時間数 1日 法定労働時間を超える時間数	所定労働時間を超える時間数（任意）	延長することができる時間数 1箇月（①については45時間まで、②については42時間まで）法定労働時間を超える時間数	所定労働時間を超える時間数（任意）	延長することができる時間数 1年（①については360時間まで、②については320時間まで）起算日（年月日）○○○○年4月1日 法定労働時間を超える時間数	所定労働時間を超える時間数（任意）
① 下記②に該当しない労働者	突発的な仕様変更等による納期の切迫	現場作業	15人	8時間	5時間	5時間	45時間	45時間	360時間	360時間
	臨時の受注対応	施工管理	10人	8時間	3時間	3時間	30時間	30時間	250時間	250時間
	悪天候による工期遅延の解消	現場管理	8人	8時間	3時間	3時間	30時間	30時間	250時間	250時間
	台風被害からの復旧作業	現場作業	15人	8時間	5時間	5時間	45時間	45時間	360時間	360時間
② 1年単位の変形労働時間制により労働する労働者	月末の決算業務	経理事務員	5人	8時間	2時間	2時間	20時間	20時間	200時間	200時間

休日労働

休日労働をさせる必要のある具体的事由	業務の種類	労働者数（満18歳以上の者）	所定休日（任意）	労働させることができる法定休日の日数	労働させることができる法定休日における始業及び終業の時刻
臨時の受注対応	施工管理	10人	毎週2回	1か月に1回	9:00～18:00
台風被害からの復旧作業	現場作業	15人	毎週2回	1か月に3回	9:00～20:00

上記で定める時間数にかかわらず、時間外労働及び休日労働を合算した時間数は、1箇月について100時間未満でなければならず、かつ、2箇月から6箇月までを平均して80時間を超過しないこと。☑（チェックボックスに要チェック）

協定の成立年月日　○○○○年　3月　12日

協定の当事者である労働組合（事業場の労働者の過半数で組織する労働組合）の名称又は労働者の過半数を代表する者の
職名　経理担当事務員
氏名　山田　花子

協定の当事者（労働者の過半数を代表する者の場合）の選出方法（　投票による選挙　）

上記協定の当事者である労働組合が事業場の全ての労働者の過半数で組織する労働組合である又は上記協定の当事者である労働者の過半数を代表する者が事業場の全ての労働者の過半数を代表する者であること。☑（チェックボックスに要チェック）

上記労働者の過半数を代表する者が、労働基準法第41条第2号に規定する監督又は管理の地位にある者でなく、かつ、同法に規定する協定等をする者を選出することを明らかにして実施される投票、挙手等の方法による手続により選出された者であつて使用者の意向に基づき選出されたものでないこと。☑（チェックボックスに要チェック）

○○○○年　3月　12日

○○　労働基準監督署長殿

使用者　職名　代表取締役
　　　　氏名　田中　太郎

様式第9号の3の3（第70条関係）

時間外労働　休日労働　に関する協定届（特別条項）

臨時的に限度時間を超えて労働させることができる場合

業務の種類	労働者数（満18歳以上の者）	1日（任意）延長することができる時間数（法定労働時間を超える時間数）	1日（任意）（所定労働時間を超える時間数）	1箇月 限度時間（月45時間）を超えて労働させることができる回数（年6回以内）	1箇月 延長することができる時間数及び休日労働の時間数（100時間未満に限る。）	1箇月（所定労働時間を超える時間数と休日労働の時間数を合算した時間数）	1箇月 限度時間を超えた労働に係る割増賃金率	1年 起算日 ○○○○年4月1日 延長することができる時間数（720時間以内に限る。）	1年（所定労働時間を超える時間数）	1年 限度時間を超えた労働に係る割増賃金率
現場作業	15人	6時間	6時間	4回	80時間	80時間	35%	550時間	550時間	35%
施工監理	10人	6時間	6時間	3回	60時間	60時間	35%	500時間	500時間	35%
現場作業	8人	7時間	7時間	4回	120時間	120時間	35%	700時間	700時間	35%
施工監理	5人	7時間	7時間	3回	110時間	110時間	35%	700時間	700時間	35%

① 突発的な仕様変更への対応、大規模な施工トラブル対応

② 災害時における災害復旧及び復旧に従事する場合（中略）から、その事業に従事する場合を除く。

工作物の建設の事業に従事する場合

維持管理契約に基づく前倒しのひっ迫への対応、自治体からの委託に基づく復旧工事の実施

限度時間を超えて労働させる場合における手続：　労働者代表に対する事前申し入れ

限度時間を超えて労働させる労働者に対する健康及び福祉を確保するための措置（該当する番号）（1)、(3)、(10)　対象労働者への医師による面接指導の実施　対象労働者に11時間の勤務間インターバルを設定、職場での時短対象会議の開催　☑（チェックボックスに要チェック）

協定の成立年月日　○○○○年　3月　12日

協定の当事者である労働組合（事業場の労働者の過半数で組織する労働組合）の名称又は労働者の過半数を代表する者の　職名　経理担当事務員　氏名　山田　花子

協定の当事者（労働者の過半数を代表する者の場合）の選出方法（　投票による選挙　）

上記協定の当事者である労働組合が事業場の全ての労働者の過半数で組織する労働組合である又は上記協定の当事者である労働者の過半数を代表する者が事業場の全ての労働者の過半数を代表する者であること。☑（チェックボックスに要チェック）

上記労働者の過半数を代表する者が、労働基準法第41条第2号に規定する監督又は管理の地位にある者でなく、かつ、同法に規定する協定等をする者を選出することを明らかにして実施される投票、挙手等の方法による手続により選出された者であって、使用者の意向に基づき選出されたものでないこと。☑（チェックボックスに要チェック）

○○○○年　3月　12日

使用者　職名　代表取締役　氏名　田中　太郎

○○　労働基準監督署長殿

様式第9号の3の4（第70条関係）

時間外労働
休日労働　に関する協定届

労働保険番号

法人番号

事業の種類	事業の名称	事業の所在地（電話番号）	協定の有効期間
一般貸物自動車運送業（トラック）	○○運輸株式会社 ○○支店	（〒○○○－○○○○） ○○市○○町○－２－３ （電話番号：○○○－○○○○－○○○○）	○○○○年4月1日 から1年間

時間外労働

時間外労働をさせる必要のある具体的事由	業務の種類	労働者数（満18歳以上の者）	所定労働時間（1日）（任意）	延長することができる時間数 1日		延長することができる時間数 1箇月		延長することができる時間数 1年	
					法定労働時間を超える時間数	所定労働時間を超える時間数（任意）	法定労働時間を超える時間数	所定労働時間を超える時間数（任意）	起算日 ○○○○年4月1日
① 下記②に該当しない労働者									
一時的な道路事情の変化に対応するため	自動車運転者（トラック）	20人	7.5時間	5時間	5.5時間	45時間	55時間	360時間	410時間
季節的な需要・発注の変化に対応するため	運行管理者	3人	7.5時間	3時間	3.5時間	30時間	40時間	250時間	300時間
季節的な需要・発注の増加に対応するため	荷役作業員	10人	7.5時間	3時間	3.5時間	42時間	52時間	320時間	370時間
予期せぬ事故トラブルに対処するため	自動車整備士	3人	7.5時間	2時間	2.5時間	20時間	30時間	200時間	320時間
② 1年単位の変形労働時間制により労働する労働者									
日本の決算業務	経理事務員	5人	7.5時間	2時間	2.5時間	20時間	30時間	200時間	320時間

休日労働

休日労働をさせる必要のある具体的事由	業務の種類	労働者数（満18歳以上の者）	所定休日（任意）	労働させることができる法定休日の日数	労働させることができる法定休日における始業及び終業の時刻
季節的な需要・発注の増加に対応するため	自動車運転者（トラック）	20人	毎週2日	法定休日のうち、2週を通じて2回	9:00～23:00
季節的な需要・発注の増加に対応するため	運行管理者	3人	毎週2回	法定休日のうち、2週を通じて1回	9:00～23:00

上記で定める時間数にかかわらず、時間外労働及び休日労働を合算した時間数は、1箇月について100時間未満でなければならず、かつ2箇月から6箇月までを平均して80時間を超過しないこと。 ☑（チェックボックスに要チェック）

協定の成立年月日　○○○○年　3月　12日

協定の当事者である労働組合（事業場の労働者の過半数で組織する労働組合）の名称又は労働者の過半数を代表する者の　職名　経理担当事務員　氏名　山田 花子

協定の当事者（労働者の過半数を代表する者の場合）の選出方法（　投票による選挙　）

上記協定の当事者である労働組合が事業場の全ての労働者の過半数で組織する労働組合である又は上記協定の当事者である労働者の過半数を代表する者が事業場の全ての労働者の過半数を代表する者であること。 ☑（チェックボックスに要チェック）

上記労働者の過半数を代表する者が、労働基準法第41条第2号に規定する監督又は管理の地位にある者でなく、かつ、同法に規定する協定等をする者を選出することを明らかにして実施される投票、挙手等の方法による手続により選出された者であって使用者の意向に基づき選出されたものでないこと。 ☑（チェックボックスに要チェック）

○○○○年　3月　15日

　　　　　使用者　職名　代表取締役　氏名　田中 太郎

○○○○労働基準監督署長殿

書式　トラック運転業務の三六協定届（特別条項）

様式第9号の3の5（第70条関係）

時間外労働
休日労働　に関する協定届（特別条項）

臨時的に限度時間を超えて労働させることができる場合

業務の種類	労働者数（満18歳以上の者）	1日（任意） 延長することができる時間数		1箇月 限度時間を超えて労働させることができる回数	1箇月 延長することができる時間数及び休日労働の時間数		限度時間を超えた労働に係る割増賃金率	1年（起算日 ○○○○年○月○日） 延長することができる時間数		限度時間を超えた労働に係る割増賃金率
		法定労働時間を超える時間数	所定労働時間を超える時間数（任意）		法定労働時間を超える時間数及び休日労働の時間数	所定労働時間を超える時間数及び休日労働の時間数（任意）		法定労働時間を超える時間数	所定労働時間を超える時間数（任意）	
① 下記②以外の者										
突発的な顧客需要・受注の増加に対処するため　運行管理者	3人	7時間	7.5時間	4回	60時間	70時間	35%	550時間	670時間	35%
予算、決算業務の集中　経理事務員	5人	6時間	6.5時間	3回	55時間	65時間	35%	450時間	570時間	35%
② 自動車の運転の業務に従事する労働者										
突発的な顧客需要・受注の増加に対処するため　自動車運転者（トラック）	20人	6時間	6.5時間	8回	75時間	85時間	35%	750時間	870時間	35%

（1箇月について 100時間未満でなければならず、かつ2箇月から6箇月までを平均して80時間を超過しないこと ✓ チェックボックスに要チェック）
（1年について、①については720時間以内、②については960時間以内に限る ✓ チェックボックスに要チェック）（自動車の運転の業務に従事する労働者 ✓ チェックボックスに要チェック）

限度時間を超えて労働させる場合における手続	労働者代表に対する事前申し入れ
限度時間を超えて労働させる労働者に対する健康及び福祉を確保するための措置（該当する番号）（①、⑥、⑩）	対象労働者への医師による面接指導の実施、手に有給休暇について取得した日数連続して取得することを含めた取得の促進、職場での時短対策会議の開催

上記で定める時間数にかかわらず、時間外労働及び休日労働を合算した時間数は、1箇月について100時間未満でなければならず、かつ2箇月から6箇月までを平均して80時間を超過しないこと。✓（チェックボックスに要チェック）

協定の成立年月日　○○○○年　3月　12日

協定の当事者である労働組合（事業場の労働者の過半数で組織する労働組合）の名称又は労働者の過半数を代表する者の　職名　経理担当事務員　氏名　山田 花子　✓（チェックボックスに要チェック）

協定の当事者（労働者の過半数を代表する者の場合）の選出方法（　投票による選挙　）

上記協定の当事者である労働組合が事業場の全ての労働者の過半数で組織する労働組合である又は上記協定の当事者である労働者の過半数を代表する者が事業場の全ての労働者の過半数を代表する者であること。✓（チェックボックスに要チェック）

上記労働者の過半数を代表する者が、労働基準法第41条第2号に規定する監督又は管理の地位にある者でなく、かつ、同法に規定する協定等をする者を選出することを明らかにして実施される投票、挙手等の方法による手続により選出された者であって、使用者の意向に基づき選出されたものでないこと。✓（チェックボックスに要チェック）

○○○○年　3月　15日

使用者　職名　代表取締役　氏名　田中 太郎

○○○○　労働基準監督署長殿

様式第9号の3の4（第70条関係）

時間外労働／休日労働　に関する協定届

労働保険番号 ☐☐☐☐☐☐☐☐☐☐☐☐☐☐
法人番号 ☐☐☐☐☐☐☐☐☐☐☐☐☐

事業の種類	事業の名称	事業の所在地（電話番号）	協定の有効期間
一般貸切旅客自動車運送業（バス）	○○バス株式会社　○○支店	（〒○○○-○○○○）○○市○○町○-２-３ （電話番号：○○○-○○○○-○○○○）	○○○○年４月１日 から１年間

時間外労働

時間外労働をさせる必要のある具体的事由	業務の種類	労働者数（満18歳以上の者）	所定労働時間（1日）（任意）	1日 法定労働時間を超える時間数	1日 所定労働時間を超える時間数（任意）	1箇月（①については45時間まで、②については42時間まで）法定労働時間を超える時間数	1箇月 所定労働時間を超える時間数（任意）	1年（①については360時間まで、②については320時間まで）起算日 ○○○○年４月１日 法定労働時間を超える時間数	1年 所定労働時間を超える時間数（任意）
① 下記②に該当しない労働者　繁忙期の受注の集中、納期のひっ迫に対処するため	自動車運転者	20人	7.5時間	5時間	5.5時間	45時間	55時間	360時間	410時間
一般的な道路状況や運行状況の変化、繁忙に対応するため	運行管理者	3人	7.5時間	5時間	5.5時間	45時間	55時間	360時間	410時間
予期せぬ車両トラブルに対応するため	自動車整備士	3人	7.5時間	3時間	3.5時間	42時間	52時間	320時間	370時間
月末の決算事業務	経理事務員	5人	7.5時間	5時間	5.5時間	45時間	55時間	360時間	410時間
② 1年単位の変形労働時間制により労働する労働者	自動車運転業（バス）	20人	7.5時間	2時間	2.5時間	30時間	200時間	320時間	320時間

（時間外労働及び休日労働を合算した時間数は、1箇月について100時間未満でなければならず、かつ2箇月から6箇月までを平均して80時間を超過しないこと。）

☑（チェックボックスに要チェック）
☑（チェックボックスに要チェック／自動車の運転の業務に従う）

休日労働

休日労働をさせる必要のある具体的事由	業務の種類	労働者数（満18歳以上の者）	所定休日（任意）	労働させることができる法定休日の日数	労働させることができる法定休日における始業及び終業の時刻
需要の季節的な増大及び突発的な発注、繁忙に対応するため	自動車運転者（バス）	20人	毎週2回	法定休日のうち,2週を通じて1回	9:00～23:00
	運行事務員	3人	毎週2回	法定休日のうち,4週を通じて2回	9:00～23:00

☑（チェックボックスに要チェック）

協定の成立年月日　○○○○年　３月　12日

協定の当事者である労働組合（事業場の労働者の過半数で組織する労働組合）の名称又は労働者の過半数を代表する者の　職名　経理担当事業員　氏名　山田 花子

協定の当事者（労働者の過半数を代表する者の場合）の選出方法（　投票による選挙　）

☑（チェックボックスに要チェック）上記協定の当事者である労働組合が事業場の全ての労働者の過半数で組織する労働組合である又は上記協定の当事者である労働者の過半数を代表する者が事業場の全ての労働者の過半数を代表する者であること。

☑（チェックボックスに要チェック）上記労働者の過半数を代表する者が、労働基準法第41条第2号に規定する監督又は管理の地位にある者でなく、かつ、同法に規定する協定等をする者を選出することを明らかにして実施される投票、挙手等の方法による手続により選出された者であつて使用者の意向に基づき選出されたものでないこと。

○○○○年　３月　15日

使用者　職名　代表取締役　氏名　田中 太郎

○○○○　労働基準監督署長殿

書式　バス運転業務の三六協定届（特別条項）

様式第9号の3の5（第70条関係）

時間外労働／休日労働に関する協定届（特別条項）

臨時的に限度時間を超えて労働させることができる場合

業務の種類	労働者数（満18歳以上の者）	1日（任意） 限度時間を超えて労働させることができる時間数／所定労働時間を超える時間数（任意）	1箇月（①について720時間、②について100時間未満に限る。） 時間外労働及び休日労働を合算した時間数／法定労働時間を超える時間数／所定労働時間を超える時間数（任意）／限度時間を超えて労働させることができる回数	限度時間を超えて労働させることができる時間数	割増賃金率	1年（①について720時間のみの時間数、②について960時間以内に限る。） 起算日（年月日）／時間外労働のみの時間数／所定労働時間を超える時間数（任意）	限度時間を超えて労働させることができる時間数	割増賃金率
① 運行管理者	3人	7時間 / 7.5時間	4回 / 60時間	70時間	35%	550時間	670時間	35%
経理事務員	5人	6時間 / 6.5時間	3回 / 55時間	65時間	35%	450時間	570時間	35%
② 自動車運転者（ス）	20人	6時間 / 6.5時間	8回 / 75時間	85時間	35%	750時間	870時間	35%

（チェックボックスに要チェック）☑

限度時間を超えて労働させる場合における手続　労働者代表者に対する事前申し入れ

限度時間を超えて労働させる労働者に対する健康及び福祉を確保するための措置（該当する番号）（1）、（6）、（10）　対象労働者への医師による面接指導事業の実施、年次有給休暇についてまとまった日数連続して取得することを含めてその取得の促進。

協定の成立年月日　○○○○年　3月　12日

協定の当事者である労働組合（事業場の労働者の過半数で組織する労働組合）の名称又は労働者の過半数を代表する者の　職名　経理担当事務員　氏名　山田花子

協定の当事者（労働者の過半数を代表する者の場合）の選出方法（　投票による選挙　）

上記協定の当事者である労働組合が事業場の全ての労働者の過半数で組織する労働組合である又は上記協定の当事者である労働者の過半数を代表する者が事業場の全ての労働者の過半数を代表する者であること。☑（チェックボックスに要チェック）

上記労働者の過半数を代表する者が、労働基準法第41条第2号に規定する監督又は管理の地位にある者でなく、かつ、同法に規定する協定等をする者を選出することを明らかにして実施される投票、挙手等の方法による手続により選出された者であつて使用者の意向に基づき選出されたものでないこと。☑（チェックボックスに要チェック）

○○○○年　3月　15日

使用者　職名　代表取締役　氏名　田中太郎

○○　労働基準監督署長殿

様式第9号の3の4（第70条関係）

時間外労働
休日労働 に関する協定届

労働保険番号　□□□□□□□□□□□□□□
法人番号　□□□□□□□□□□□□□

事業の種類	事業の名称	事業の所在地（電話番号）	協定の有効期間
一般乗用旅客自動車運送事業（タクシー）	○○タクシー株式会社　○○支店	（〒○○○-○○○○）○○市○○町1-2-3　（電話番号：○○○-○○○○-○○○○）	○○○○年4月1日から1年間

時間外労働

延長することができる時間数　法定労働時間を超える時間数と所定労働時間を超える時間数の両方が協定されている場合にはそれぞれ記入すること。

1年については、起算日（年月日）○○○○年4月1日

	時間外労働をさせる必要のある具体的事由	業務の種類	労働者数（満18歳以上の者）	所定労働時間（1日）（任意）	1日 法定労働時間を超える時間数	1日 所定労働時間を超える時間数（任意）	1箇月（①については45時間まで、②については42時間まで）法定労働時間を超える時間数	1箇月 所定労働時間を超える時間数（任意）	1年（①については360時間まで、②については320時間まで）法定労働時間を超える時間数	1年 所定労働時間を超える時間数（任意）
① 下記②に該当しない労働者	季節的繁忙及び顧客の需要に応ずるため	自動車運転者（タクシー）	20人	7.5時間	5時間	5.5時間	45時間	55時間	360時間	410時間
	一般的道路事情の変化等に対応するため	運行管理者	3人	7.5時間	5時間	5.5時間	45時間	55時間	360時間	410時間
② 1年単位の変形労働時間制により労働する労働者	季節的繁忙及び顧客の需要に応ずるため	自動車整備士	5人	7.5時間	3時間	3.5時間	42時間	52時間	320時間	370時間
	予期せぬ車両トラブルに対処するため	経理事務員	3人	7.5時間	2時間	2.5時間	20時間	30時間	200時間	320時間

休日労働

休日労働をさせる必要のある具体的事由	業務の種類	労働者数（満18歳以上の者）	所定休日（任意）	労働させることができる法定休日の日数	労働させることができる法定休日における始業及び終業の時刻
季節的繁忙及び顧客の需要に応ずるため	自動車運転者（タクシー）	20人	毎週2回	法定休日のうち、2週を通じて1回	9：00～23：00
季節的繁忙及び顧客の需要に応ずるため	運行管理者	3人	毎週2回	法定休日のうち、4週を通じて2回	9：00～23：00

上記で定める時間数にかかわらず、時間外労働及び休日労働を合算した時間数は、1箇月について100時間未満でなければならず、かつ2箇月から6箇月までを平均して80時間を超過しないこと。　☑（自動車運転の業務に従事する者は除く。）　☑（チェックボックスに要チェック）

協定の成立年月日　○○○○年　3月　12日

協定の当事者である労働組合（事業場の労働者の過半数で組織する労働組合）の名称又は労働者の過半数を代表する者の　職名　経理担当事務員　氏名　山田 花子

協定の当事者（労働者の過半数を代表する者の場合）の選出方法（　投票による選挙　）

上記協定の当事者である労働組合が事業場の全ての労働者の過半数で組織する労働組合である又は上記協定の当事者である労働者の過半数を代表する者が事業場の全ての労働者の過半数を代表する者であること。　☑（チェックボックスに要チェック）

上記労働者の過半数を代表する者が、労働基準法第41条第2号に規定する監督又は管理の地位にある者でなく、かつ、同法に規定する協定等をする者を選出することを明らかにして実施される投票、挙手等の方法による手続により選出された者であって使用者の意向に基づき選出されたものでないこと。　☑（チェックボックスに要チェック）

○○○○年　3月　15日

使用者　職名　代表取締役　氏名　田中 太郎

○○　労働基準監督署長殿

様式第9号の3の5（第70条関係）

時間外労働 / 休日労働　に関する協定届（特別条項）

臨時的に限度時間を超えて労働させることができる場合

業務の種類	労働者数（満18歳以上の者）	1日（任意）延長することができる時間数（法定労働時間を超える時間数／所定労働時間を超える時間数）	1箇月（時間外労働及び休日労働を合算した時間数。100時間未満に限る。）限度時間を超えて労働させることができる回数（6回以内に限る。）	1箇月 延長することができる時間数及び休日労働の時間数（法定労働時間を超える時間数／所定労働時間を超える時間数）	1箇月 限度時間を超えた労働に係る割増賃金率	1年 起算日 ○○○○年○月○日 延長することができる時間数（法定労働時間を超える時間数／所定労働時間を超える時間数）	1年 限度時間を超えた労働に係る割増賃金率
① 下記②以外の者							
突発的な受注及び顧客の要求に対応するため　運行管理者	3人	7時間／7.5時間	4回	60時間／70時間	35%／35%	550時間／670時間	35%
予算、決算業務の集中　経理事務員	5人	6時間／6.5時間	3回	55時間／65時間	35%／35%	450時間／570時間	35%
② 自動車の運転の業務に従事する労働者							
突発的な顧客増加に対応するため　自動車運転者（トラック）	20人	6時間／6.5時間	8回	75時間／85時間	35%	750時間／870時間	35%

限度時間を超えて労働させる場合における手続	労働者代表者に対する事前申し入れ
限度時間を超えて労働させる労働者に対する健康及び福祉を確保するための措置	（該当する番号）①、⑥、⑩　対象労働者への医師による面接指導の実施、年次有給休暇についてまとまった日数連続して取得することを含めてその取得の促進、職場での時短対策会議の開催

上記で定める時間数にかかわらず、時間外労働及び休日労働を合算した時間数は、1箇月について100時間未満でなければならず、かつ2箇月から6箇月までを平均して80時間を超過しないこと　☑（チェックボックスに要チェック）

②（自動車の運転の業務）については上記に該当しないこと　☑（チェックボックスに要チェック）

協定の成立年月日　○○○○ 年 　3 月 12 日

協定の当事者である労働組合（事業場の労働者の過半数で組織する労働組合）の名称又は労働者の過半数を代表する者の　職名　経理担当事務員　氏名　山田 花子

協定の当事者（労働者の過半数を代表する者の場合）の選出方法（　投票による選挙　）

上記協定の当事者である労働組合が事業場の全ての労働者の過半数で組織する労働組合である又は上記協定の当事者である労働者の過半数を代表する者が事業場の全ての労働者の過半数を代表する者であること。　☑（チェックボックスに要チェック）

上記労働者の過半数を代表する者が、労働基準法第41条第2号に規定する監督又は管理の地位にある者でなく、かつ、同法に規定する協定等をする者を選出することを明らかにして実施される投票、挙手等の方法による手続により選出された者であって、使用者の意向に基づき選出されたものでないこと。　☑（チェックボックスに要チェック）

○○○○ 年 　3 月 15 日

使用者　職名　代表取締役　氏名　田中 太郎

○○　労働基準監督署長殿

残業に関する問題点について知っておこう

残業はあくまでも会社の指示・命令に基づいて行うものである

● 残業が月45時間を超える場合には健康上の危険が生じる

　労働時間が長くなると疲労が蓄積します。長時間労働が長期間にわたって続くと、蓄積した疲労が原因となって健康状態が悪化します。

　会社（使用者）は、自らが雇用する労働者に対して安全配慮義務を負います。この点は、労働契約法5条において、「使用者は、労働契約に伴い、労働者がその生命、身体等の安全を確保しつつ労働することができるよう、必要な配慮をするものとする」と明文化されており、もし違反すれば、会社は労働者に対して損害賠償責任を負うことになります。会社としては、労働者の労働時間を適切な時間にとどめるように管理して、労働者が健康障害を起こさないように注意しなければなりません。労働時間の管理において、よく言われる基準となる数字として「1か月に45時間までの残業時間」があります。

　45時間という数字は、一般の人が1日7〜8時間の睡眠をとった場合に、残業時間にあてられる時間の1か月分の合計です（1日2〜2.5時間×20日間）。つまり、1日7〜8時間睡眠をとることができれば、健康的な生活を維持することができる、とする医学的な見地から算出された数字です。したがって、1か月の残業時間が45時間を超える場合には、労働者の健康状態に注意する必要があるということです。

　また、2〜6か月の残業時間が平均80時間を超えているかどうかも1つの目安となります。この数字は、1日6時間の睡眠をとった場合に残業時間にあてられる時間（1日4時間の残業時間）を基準として、1か月あたり20日間働くものとして算出された数字です。医学的には、1日6時間の睡眠時間を得られていれば過労死につながる健康障害が

生じるリスクは増加しないとされています。したがって、2〜6か月の残業時間が平均80時間を超えているかどうかも1つの目安になります。

　以上に対し、1か月の残業時間が100時間を超えている場合には、かなり健康上のリスクは高まっているといえます。100時間の残業ということは、1日5時間の残業を1か月あたり20日間行った場合と同等です。1日5時間の残業をする場合、1日5時間程度の睡眠時間しか確保できていないことになります。医学的には、睡眠時間が1日5時間を切ると、虚血性心疾患・脳血管障害が増加するリスクが高まるとされています。したがって、残業時間が1か月あたり100時間を超える労働者がいる場合には、過労死のリスクが高くなりますから、会社としても労災事故を起こすリスクが高くなるといえるのです。

● 残業の指示・命令がないのに残業を行った場合はどうなる

　会社（上司など）が労働者に残業を指示・命令し、それに従って労働者が残業をした場合に、残業代が発生するのは当然です。これに対し、上司による残業の指示・命令がないにもかかわらず、終業時刻後も労働者が勝手に会社に残って残業をしたという場合、労働基準法上の時間外労働として取り扱う必要はないことになります。そのため、企業によっては、会社の指示・命令なく労働者が勝手に行った残業に対しては残業代を支払わないとしているケースもあります。

　残業は、本来、会社の指示・命令があって行うものであって、労働者が会社の指示がないのに勝手に残業をしてもよいものではありません。そのため、会社から残業の指示・命令がないのにもかかわらず勝手に残業を行った場合、会社側は労働者に対して、原則として、残業代の支払を拒否することができます。

　ただし、会社の残業指示・命令は明示的なものに限られるものではなく、黙示的なものも含まれます。たとえば、裁判例では、残業をして業務を処理することを当然のものとして上司が容認していた場合や、

残業せざるを得ない客観的事情がある場合などには、黙示の残業指示・命令があったものと認められることが多く、この場合には、会社は残業代を支払う義務を負うことになります。

　これに対し、上司が残業をしないように明示的に指示・命令をしていた場合や、業務内容からすれば明らかに残業の必要性がない場合などは、労働者の勝手な残業は労働時間とは認められず、会社は残業代の支払義務を負わないと判断される傾向にあります。

　残業の指示・命令がないのにもかかわらず勝手に残業をする労働者の中には、業務を終わらせたいという責任感や使命感で行う人もいますが、残業代を稼ぐためにあえて残業をするようにしている人もいます。また、残業が常態化しており残業するのが当たり前である、と考えている人もいます。

　会社としては、労働者の独断による無用な残業を防ぐためにも、上司が部下の業務内容や業務量などを把握した上で、残業の必要性があるのかどうかを判断することができるようにして、労働時間を適切に管理することが重要です。

■ 残業と健康上のリスク ……………………………………………

リスク
低

リスク
高

月45時間以内

2～6か月平均で
月80時間超
または
月100時間超

残業代を支払わないと、会社はどんな請求を受けるのでしょうか。

労働基準法によると、会社が時間外労働（原則として1日8時間もしくは1週40時間を超える労働）をさせた場合は、25％以上の割増率（1か月の時間外労働が60時間を超えたときは、その超えた部分は50％以上の割増率）で計算した割増賃金を支払わなければなりません。なお、50％の割増率については、令和5年（2023年）4月以降は中小企業にも適用されています。また、会社が休日労働（原則として1週1日の法定休日における労働）をさせた場合は、35％以上の割増率による割増賃金を支払わなければなりません。

労働者が労働基準監督への申告などを通じて、未払いの残業代（時間外労働や休日労働の割増賃金）をさかのぼって支払うように請求してきた場合、その金額は莫大なものになりかねません。そのようなリスクを考えると、経営者は「残業代は必ず支払わなければならない」と理解しておくべきでしょう。サービス残業をさせた時点では請求しなかったとしても、労働者が退職時に請求してくる可能性があります。残業代不払いと言われないように、就業規則やタイムカードの管理体制などを整備しておくことが必要です。

●退職時に会社に対して法的請求をしてくる

在職中は残業代不払いに異議を申し出なかった労働者が、退職後に会社に対して支払請求をしてくることが考えられます。残業代などの未払賃金の支払請求権を行使できる期間（時効期間）は、令和2年（2020年）施行の労働基準法改正により、同年4月1日以降に支払期日が到来する賃金請求権については賃金支払日から5年間（当面の間は3年間）に延長されています（従来は賃金支払日から2年間でした）。

したがって、労働者に残業代を支払っていないときは、多額の支払いを請求される可能性が生じます。会社が訴訟を提起された後に対応

しようとしても、元労働者からタイムカード、出退勤の記録、給与明細などの証拠が裁判所に提出されると、未払賃金の支払いを命じられることになるでしょう。

●**請求される金額は残業代だけではない**

　労働者や元労働者から未払賃金の支払請求訴訟が提起された場合、未払期間をさかのぼって合計した金額分の請求を受けます。前述したように、未払期間は最大3年間までさかのぼることができます。

　また、未払賃金は遅延損害金が上乗せされることに注意する必要があります。遅延損害金の利息は、令和2年（2020年）施行の民法改正により、同年4月1日以降に支払期日が到来する賃金請求権については、年利3％で計算した金額となります（従来は年利6％で計算した金額でした）。ただし、退職者が未払賃金を請求する場合、退職後の未払期間については、年利14.6％で計算した金額となります（賃金の支払の確保等に関する法律6条1項）。

　さらに、未払残業代の部分は、令和2年4月1日以降に支払期日が到来する賃金請求権については、最大3年分の未払い額と同じ金額の付加金の支払いを裁判所から命じられる場合があります（労働基準法114条）。

●**慰謝料を請求されることもある**

　未払残業代について労働者や元労働者が訴訟を起こしてきた場合、遅延損害金や付加金を含めた未払分の金額の支払請求に加え、慰謝料の支払請求をしてくることも考えられます。残業が長時間労働と切り離せない関係にあり、未払残業代を支払請求できる状況にある労働者などは、長時間労働が原因で「心疾患を患った」「うつ病になった」といった労災に相当する状況に至っている可能性があるからです。

　また、残業代を支払わない職場は、法令遵守への意識が低く、上司によるパワハラ、セクハラなどが横行している可能性もあり、それに関する慰謝料の支払請求を受けることも考えられます。

7 固定残業手当について知っておこう

人件費の予算管理を効率化できる

● 固定残業手当とは何か

　使用者は、労働者に時間外労働をさせた場合、割増賃金を支払わなければなりません。もっとも、時間外労働に対する割増賃金（残業手当）を固定給に含め、時間外労働の有無に関係なく、毎月定額（固定残業手当）を支給している会社も少なくありません。固定残業手当を適法に行うには、①基本給と固定残業手当を明確に区分する、②固定残業手当に含まれる時間外労働の時間数（固定残業時間）を明確にする、③固定残業時間を超過して時間外労働をさせた場合の他、休日労働や深夜労働をさせた場合には、別途割増賃金を支給する、という3つの要件を満たす必要があります。

　その上で、固定残業手当を導入するには、会社の就業規則を変更しなければなりません。就業規則の一部である賃金に関する規程（賃金規程など）の変更でもかまいません。そして、変更した就業規則を労働者に周知することも必要です。なお、固定残業手当の導入が賃金の引下げを伴うような場合には、原則として個々の労働者の同意を得ておかなければなりません。

　特に基本給と割増賃金部分の区分は、支給されるはずの割増賃金が適法に支払われているかどうかを、労働者が確認する手段として重要です。固定残業手当を支払うことが認められるとしても、固定残業手当が実際の時間外労働の時間数で計算した金額を明確に下回ると判断された場合には、その差額の支払いを労働者から請求されるトラブルが生じますので注意が必要です。

● なぜ固定残業手当を導入するのか

　固定残業手当の導入によるメリットとして、まず、同じ業務を残業なしでこなす労働者と残業月10時間でこなす労働者との間では、通常の残業手当だと不公平に感じられますが、固定残業手当では公平感があります。また、固定残業手当の導入によって給与計算の手間が大幅に削減されます。さらに、固定残業時間以内であれば追加の人件費が発生するケースが少なくなり、毎月の人件費がある程度固定化される（人件費の大まかな把握が可能となる）ので、予算管理がしやすくなります。従業員の立場からすると、残業してもしなくても同じ給与なので、効率的に業務を遂行する方向性になり、結果として残業の減少につながります。

● 業種によっては固定残業手当がなじまない

　固定残業手当がすべての業種に適しているとは限りません。たとえば、小売店や飲食店は、営業時間が毎日ほぼ同じで、開店前や閉店後の業務の時間も大きな変動はないため、毎日ある程度一定の労働時間となります。このような業種では、固定残業手当を導入しやすいといえます。営業職の場合も、日中のクライアント訪問、帰社後の残業による提案書の作成などのように、一定の時間外労働が見込まれるのであれば固定残業手当の導入を検討することができます。

　一方、生産ラインが確立されている製造業や一般的な事務職の場合は、業務量の増減を各労働者の裁量では行うことが難しいと考えられます。そのため、固定残業手当を導入するより、実際に時間外労働をした時間に対しその都度計算した残業手当を支給する方が、労働者のモチベーションにつながるとともに、人件費の軽減につながります。

● 固定残業時間はどのくらいが目安なのか

　労働基準法では、時間外労働や休日労働を行わせるには、労使間で

三六協定を締結し、それを労働基準監督署に届け出ることを義務付けています。この三六協定で設定できる時間外労働の限度時間が、原則として1か月45時間、1年360時間です。つまり月45時間が固定残業時間を設定する上での上限となります。ただし、実際の残業時間が年360時間を超えないように注意が必要です。もちろん、実際にそれほど時間外労働をしていない場合はもっと少なくなります。

　固定残業手当は「これさえ支払えば、時間外労働に対する割増賃金の支払いが不要になる」という便利なものではありません。固定残業時間を超過した場合は、別途超過分の時間外労働に対する割増賃金を支払う必要があります。反対に、固定残業時間を超えていないからといって、余り分を「おつり」として回収することはできません。ムダな手当を支払わないという意味でも、固定残業手当は今までの平均的な時間外労働時間をベースに検討するのが得策です。

　ただし、固定残業時間を超過した場合は、その分について別途時間外労働に対する割増賃金を支払う必要がありますが、実務上この給与計算が煩雑で対応しきれない会社もあります。その場合は、想定される残業時間より、若干多めに固定残業時間を設定し、実際の時間外労働を固定残業時間以内に収まるようにした方がよいでしょう。

■ 固定残業手当込みの賃金の支払い ……………………………………

欠勤・遅刻・早退の場合の取扱いについて知っておこう

給与は労働者が提供した労働力に対して支払われる

● どのようにして控除額を定めるのか

　給与は労働者の労働力の提供に対して支払われるため、体調不良などの理由により労働者が仕事を休んだ場合、使用者は、その休んだ日数分の給与を支払う必要はありません。これを「ノーワーク・ノーペイの原則」といいます。まる1日欠勤した場合だけでなく、始業時刻に遅れた場合（遅刻）、終業時刻の前に帰った場合（早退）、業務の自発的中断（途中離業）についても、労働力が提供されていない時間分は、給与を支払う必要がありません。労働者が欠席などを行う場合には、遅刻・早退・休暇・欠勤届の提出が必要です。多くの会社では、遅刻や早退などに関する書式は、1つの書式にまとめている場合が多いです。

　ノーワーク・ノーペイの原則に基づく控除額について、労働基準法では特に定めを置いていないため、実際に休んだ分の賃金を超えない範囲内で、各会社で独自にルールを定めることになります。実務上は就業規則や賃金規程に規定を置き、それに従って控除額を算出しています。

　一般的な控除額の算出方法としては、「月給額÷1年間の月平均所定労働日数×欠勤日数」で算出する方法をとっている会社が多いようです。遅刻や早退などで1時間あたりの控除額を算出する場合は、「月給額÷1年間の月平均所定労働日数÷1日の所定労働時間」で控除額を求めます。

　たとえば、ある労働者が1か月の間に、欠勤を1日、遅刻が3時間あった場合について計算してみましょう。この労働者が従事する会社では、1年間の月平均所定労働日数は20日で、1日の所定労働時間は8時間であり、この労働者の給与を構成する手当が、基本給（月給）

220,000円、役職手当 25,000円、家族手当 20,000円 通勤手当 15,000円であったとしましょう。このような場合、欠勤分の控除額と遅刻分の控除額を別々に算出することになります。

　まず、欠勤した分の控除額については、基本給220,000円÷20日×1日＝11,000円（1日分の控除額）ということになります。続いて、遅刻した分の控除額については、11,000円÷8時間×3時間＝4,125円（3時間分の控除額）ということになります。したがって、その月の給与から控除される額は、合計で11,000円＋4,125円＝15,125円 ということになります。

　また、「月給額÷該当月の所定労働日数×欠勤日数」で算出することにしている会社もあります。ただ、この方法で計算する場合は、毎月控除額が変わるため、給与計算処理が面倒になるというデメリットがあります。控除額を計算する際、給与を構成するどの手当を含めて控除額を計算するのか、という点についても賃金規程などで定める必要があります。

　なお、就業規則の定めにより、職場の規律に違反した労働者に対し、制裁として給与を減額する方法があり、これを減給といいます。ただ、給与は労働者の生活を維持するための重要なものですから、減給の制裁による控除額には、一定の制限があります（労働基準法91条）。

■ 欠勤・遅刻・早退の扱い ……………………………………………

労働基準監督署の調査

　労働基準監督署の調査は、会社が法令違反をしているかどうかを調査するために行われますが、対象となる主な法令は労働基準法や労働安全衛生法（およびこれらの法律に基づく命令）です。具体的な調査内容は、労働基準法に関するものとしては、労働時間の他に、割増賃金の支払、労働条件の明示や就業規則・賃金台帳に関する事項などが挙げられます。また、安全基準や健康診断に関する事項などの労働安全衛生法に関する調査も行われます。

　調査手法には、呼び出し調査（事業所の代表者を労働基準監督署に呼び出して行う調査）、臨検監督（労働基準監督署が事業所へ出向いて立入調査を行うこと）の2つがあります。また、調査が行われる理由の主なものとしては、定期監督と申告監督があります。

　定期監督とは、調査を行う労働基準監督署が管内の事業所の状況を検討した上で、対象となる事業所を選定して定期的に実施する調査です。これに対し、申告監督とは、労働基準監督署が労働者から「予告手当を支払われずに即日解雇された」「時間外労働をしたが賃金が支払われない」などの申告があった際に、必要性を判断した上で、その内容が事実であるかどうかを確認するための呼び出し調査や、事業所への臨検監督を行うといった対応を行うことです。労働者から申告があってもすべての事案について申告監督が行われるわけではありませんが、労働者の申告について法令違反の実態が認められれば、申告監督が実施される可能性があります。

　労働基準監督署の調査により法令違反を指摘されて是正勧告を受けた事業主は、速やかに改善・報告をすることが求められます。通常は、法令違反事項について改善内容を決め、「是正（改善）報告書」などの書面を作成して労働基準監督署に提出することになります。

第3章

休日・年休の取り方

振替休日と代休の違いをおさえておこう

代金には割増賃金の支払義務がある

● 代休と振替休日の違い

たとえば、使用者が「日曜に出勤してほしい。その代わり翌月曜日は休んでよい」という命令を出すとしましょう。この場合、月曜日が振替休日なのであれば割増賃金の支払義務が生じないのに対して、代休であれば義務が生じます。振替休日とは、就業規則などで休日があらかじめ決まっている場合に、事前に休日を他の労働日と入れ替え、休日と定められていた日に労働し、代わりに他の労働日を休日とすることです。元々の休日は労働日となるので、休日労働にはならないのです。

一方、代休は、法定休日に労働させたことが前提になり、もともとの休日に出勤させ、使用者がその代償として事後に与える休日です。したがって、割増賃金の支払義務が生じるわけです。その代わり、使用者は代休を与える義務は法的にはありません（代休を与えたとしたらそれは恩恵的なものです）。

● 振替休日にするか代休にするかでどんな差が生じるのか

現在、多くの会社では、土曜日と日曜日を休日と定めて（週休2日制）、日曜日を法定休日としている場合が多いようです。たとえば、あらかじめ日曜日を出勤日にする代わりに、木曜日を休日にするという事前交換を、使用者と労働者との間で取り決めておいたとします。この場合、休日になる木曜日は、振替休日ということになります。振替休日においては、出勤日になる日曜日は、通常の労働日と変わりがありませんので、通常の賃金が支払われます。

また、たとえば、1時間あたり1000円の労働者が、8時間労働した場合、1000円×8時間＝8000円の賃金が支払われることになります。そして、休日になった木曜日は、本来の休日であった日曜日との交換に過ぎませんので、賃金は発生しません。したがって、振替休日において、賃金の上で特別考慮することはありません。

　これに対して、事前の交換なく日曜日に出勤して、代わりに木曜日が休日になった場合は、日曜日の労働は休日労働として、割増賃金（35％増）が支払われます。そのため、1000円×8時間×0.35＝10800円が支払われることになります。一方、本来の労働日である代休日の木曜日は、賃金が支払われませんので、－8000円ということになります。結果として、10800円－8000円＝2800円の差額が生じます。振替休日とするか代休にするかにより、労働者が手にする賃金において2800円の差が生じます。

　振替休日にするには、①就業規則などに、「業務上必要が生じたときには、休日を他の日に振り替えることがある」旨の規定を設けること、②あらかじめ、休日を振り替える日を特定しておくこと、③遅くとも、前日の勤務時間終了までには、当該労働者に通知しておくこと、という要件を満たすことが必要です。

　事前に休日の振替をしなかった場合は、休日に労働させた事実は消えません。使用者が振替命令を出すには、労働協約や就業規則に規定しているか、または労働者が事前に同意しているかのいずれかが必要です。さらに1週1日または4週4日の休日が確保されることも必要です。代休となる場合は、恩恵的な休日ですから、無給でもかまいませんが、就業規則で明確にしておくべきです。

　なお、休日勤務は割増賃金の支払をめぐりトラブルになることがあるので、休日勤務届出書、代休請求願、振替休日通知書などの書面を利用して、労働日数の管理を徹底させるのがよいでしょう。

Q 休日の特定はどのように行うのでしょうか。建設業など、雨が降ると仕事にならないために休日とするケースもありますが、この措置に問題はないでしょうか。

A 労働基準法の定義による休日とは、労働義務のない日となります。毎週少なくとも1回あるいは4週間で4日以上の休日が必要とされ、その1日は午前0時から午後12時までの暦日とされています。労働基準法で定めているのは日数のみで、休日の特定方法までは定めていません。就業規則には休日に関する記載が必要ですが、始業時刻や終業時刻の記載が必要な労働時間と異なり、その曜日などの特定までは求められていません。

なお、屋外作業者について「休日はなるべく一定日に与え、雨天の場合には休日をその日に変更する旨を規定するよう指導されたい」という行政解釈があります。

休日および振替休日について規定せず、当日になって休日と決定し、労働者に通知して休業させるケースは、本来労働日であった日を会社の都合で休業させたことになります。このような場合は、休日と考えることはできず、休業補償として、労働者に平均賃金の60％以上の休業手当を支払わなければなりません。

Q 月曜日に遠方で行われる会議へ出席するために、労働者が日曜日から移動していた場合、この移動時間は休日労働に含められますか。

A 土日が休みの会社で、地方の支店に出張して日曜日に仕事をするということは稀でしょうが、月曜日の朝一番の会議に出席するために地方の支店から本社に出張するケースは多いのではないでしょうか。このような場合は、前日の日曜日に移動して本社近くに

宿泊することがあります。

　実際に、休日に業務をしている場合は、当然のことながら休日労働に該当しますが、単に飛行機や電車に乗って移動しただけ、ホテルなどに宿泊しているだけの時間であっても、厳密にいうと労働者の自由にはならず、自宅でのんびり過ごすことと比べて労働者の負担も少なくありません。

　しかし、移動中の時間も含めて、その間に読書をしていても仮眠をとっていてもよいので、労働者の自由になると解釈されます。行政解釈でも、その間に物品の監視等の別段の指示がない場合は休日労働として取り扱わなくても差し支えないとしています。

Q　休日に行った取引相手に対する接待ゴルフは、休日労働の対象になる業務にあたるのでしょうか。

A　接待ゴルフは接待される側の事情もあり、休日に行われる場合が多いのではないでしょうか。接待される側はもちろん、接待する側もゴルフが楽しくて仕方ないという人にとっては問題にならないかもしれませんが、中には家族サービスを取りやめて、やむを得ず参加するというケースもあるかと思います。接待ゴルフの結果、取引が成立し営業成果が出ることも多く、仕事との関係性が強いものです。しかし、ゴルフ自体は業務とは認められず、休日労働にはあたりません。

　ただし、ゴルフコンペの裏方として準備、運営に従事するためだけに同行し、自身はプレイをしていないような場合は、上司（結果的には会社）の指揮命令下で業務に従事しているものとして、労働時間に該当し、休日労働として取り扱われる場合があります。

Q 社員旅行の日程が休日を挟んでいる場合に、特に出席が強制されている場合には、休日労働にあたりますか。

A 一般的には、社員旅行は福利厚生の一環として捉えられており、業務遂行性は認められませんので、労働時間ではなく、休日に行っても休日労働にあたらないとされます。

しかし、社員旅行を開催する場合に、完全に自由参加というケースはむしろ稀だと思います。職場の全員が参加してはじめて社員旅行の意義が出てきますので、ほとんどの場合は、その強制の度合いに差はあるものの、何らかの参加促進策があり、それは受け取る側からすれば「強制」と感じることもあります。その強制が社員としての良識や仲間意識に訴えるだけで、不参加の場合にペナルティがないものであれば、たとえ社員側が相当な妥協の下に参加したとしても、社員旅行を労働時間と考えるのは難しいと思われます。

これに対して、不参加の場合に欠勤扱いとするなど、明確なペナルティを示して参加を強制する場合には、労働時間に該当し、休日に行えば休日労働となります。会社としての正式見解で「欠勤扱い」を明示する場合はもちろんのこと、一部の幹部社員が部下の参加を促すために、会社の意向を確認しないで独断で明示した場合も同様の扱いになると思われます。

なお、社員旅行そのものは自由参加でも、その準備や引率などのために絶対に参加しなければならない担当者がいます。その社員旅行の運営は会社からの指示命令によって行われるものであり、不参加の自由もないので、担当者に限っては休日労働となります。

② 年次有給休暇について知っておこう

全労働日の８割以上出勤すると年休権を取得する

● 年次有給休暇とは

　年次有給休暇（有給休暇）とは、給料（賃金）が支払われる休暇のことです。「年休」「有休」と略して呼ばれることも多いです。労働者は「会社の休みの日」として、１週１日（あるいは４週４日）の法定休日に加え、有給休暇を取得することができます。

　有給休暇の目的は、労働者が心身ともにリフレッシュし、新たな気持ちで仕事に向かえるようにすることにあります。有給休暇の取得は労働者の権利ですから、使用者（会社）は、労働者が安心して有給休暇を取得できるような職場環境を作らなければなりません。また、使用者は、有給休暇を取得した労働者に対し、賃金の減額その他不利益な取扱いをしないようにしなければなりません。

　有給休暇の権利（年休権）を取得するには、①入社時から付与日まで（最初の有給休暇は入社時から６か月以上）継続して勤務していること、②付与日の直近１年（最初の年次有給休暇は入社時から６か月）の全労働日の８割以上出勤したこと、という２つの要件を満たすことが必要です。この２つの要件を満たせば、労働基準法で定められた日数の年次有給休暇が自動的に与えられます。なお、②の「全労働日の８割」を計算する際、以下の期間は出勤したものとみなされます（労働基準法39条10項）。

・業務上の負傷または疾病による療養のために休業した期間

・産前産後の休業期間

・育児・介護休業法による育児休業・介護休業の期間

・有給休暇を取得した期間

● 有給休暇日数の決定方法

　年次有給休暇（有給休暇）は、労働者の勤続年数に応じて優遇されていく（与えられる日数が増えていく）システムになっています（労働基準法39条1項〜3項）。

　具体的には、前述した①②の要件を満たすと、最初の6か月を経過した段階で10日間の有給休暇が与えられます。そして、勤続1年6か月を経過すると11日、勤続2年6か月で12日となり、1日ずつ増えていきます。さらに、勤続3年6か月経過した段階から2日ずつ加算され、最大20日間与えられます（勤続6年6か月を経過した時点で上限の20日間に到達します）。

　ただし、上記の日数は、いわゆるフルタイム（週5日勤務）の労働者の場合であるため、週4日以下の勤務の労働者に与えられる有給休暇の日数は、上記の日数より少なくなります（次ページ図）。

　取得した有給休暇は、翌年に繰り越すことができますが、年休権が2年間の経過で時効消滅するため（労働基準法115条）、翌々年以降に有給休暇を繰り越すことができないことに注意が必要です。

● 有給休暇の年5日付与にも気をつける

　人手不足で年次有給休暇（有給休暇）取得すると仕事が進まない、職場の誰も有給休暇を取得していないので取得すると雰囲気が悪くなるなど、有給休暇の取得がなかなか進まない問題がありました。そこで、平成31年（2019年）4月以降、時季を指定して有給休暇を取得させることが義務化されています（有給休暇の時季指定義務）。これに違反した場合は30万円以下の罰金が科されます。

　具体的には、有給休暇が年10日以上付与される労働者に対し、付与した日から1年以内に5日（年5日）の有給休暇を、使用者が時季を指定して取得させなければなりません。ただし、労働者が自ら請求して取得した日数分と計画年休（139ページ）の日数分は「1年以内に

５日」から差し引くことができます。たとえば、労働者が３日分の有
給休暇を自ら請求して取得済みの場合、使用者には２日分の有給休暇
の時季指定義務が発生します。なお、時間単位で取得した年休は「１
年以内に５日」に加えることができないため注意が必要です。

● 使用者は休暇申請を拒否できない

　労働者が有給休暇を取得する際は「いつからいつまで有給休暇を取
得します」と具体的な取得日を使用者に申し出るだけで十分です。原
則として、労働者が使用者に申し出た日が、そのまま有給休暇の取得
日になります。これを労働者の権利として時季指定権といいます（労
働基準法39条５項）。有給休暇は労働者が使用者の許可を得て休ませ
てもらうものではなく、労働者が年休権に基づいて、実際に休む日を
決める手続きだといえます。

■ 有給休暇取得日数 ……………………………………………………

労働日数 ＼ 継続勤務年数	0.5	1.5	2.5	3.5	4.5	5.5	6.5 以上
①通常の労働者、週の所定労働時間が30時間以上の短時間労働者	10	11	12	14	16	18	20
②週の所定労働時間が30時間未満の労働者							
週の所定労働日数が４日または１年の所定労働日数が169日〜216日までの者	7	8	9	10	12	13	15
週の所定労働日数が３日または１年の所定労働日数が121日〜168日までの者	5	6	6	8	9	10	11
週の所定労働日数が２日または１年の所定労働日数が73日〜120日までの者	3	4	4	5	6	6	7
週の所定労働日数が１日または１年の所定労働日数が48日〜72日までの者	1	2	2	2	3	3	3

線で囲んだ日数を付与された労働者は年休の５日付与義務の対象者

● 基準日の設定と分割付与

　有給休暇は、入社後6か月を経過した時に10日付与され、その後1年を経過するごとに一定日数が付与されるしくみです（135ページ）。しかし、入社日は労働者ごとに異なることも多く、個々の労働者に応じて有給休暇の付与を行うと、付与日数や消化日数の管理が複雑になります。そのため、有給休暇を付与する基準日を設定し、管理上の負担を軽減する「斉一的取扱い」を取ることが認められています。実務上は、毎年4月1日または10月1日を基準日として、全労働者に対し一斉に有給休暇を付与するケースが多いようです。

　また、新入社員など初年度の労働者については、法定の有給休暇の付与日数を一括して与えずに、その日数の一部を法定の基準日以前に付与することもできます（分割付与）。

　ただし、斉一的取扱いや分割付与が認められるには、①有給休暇の権利（年休権）の取得要件である8割出勤の算定において、短縮された期間は全期間出勤したとみなすこと、②次年度以降の有給休暇の付与日も、初年度の付与日を法定基準日から繰り上げた期間と同じまたはそれ以上の期間を法定基準日より繰り上げること、という要件を満たすことが必要です。

　また、前倒しで有給休暇を付与する分、会社の管理の負担が増えるので、斉一的取扱いや分割付与の導入は慎重に検討することが必要です。年次有給休暇の管理については、年次有給休暇記録・管理簿を作成し、付与日数、消化日数、残日数を記録しましょう。

● 使用者は時季変更権を行使できる

　会社からすれば、繁忙期に労働者が一斉に有給休暇を取得してしまうと困る場合があります。そこで、労働基準法は、両者の調整を図る観点から、労働者が請求した時季に休暇を与えると事業の正常な運営に支障をきたす場合、使用者は他の時季に休暇を与えることができる

と規定しています（労働基準法39条5項、時季変更権）。

　事業の正常な運営に支障をきたす場合にあたるかどうかは、労働者の所属する事業場を基準にして、事業の規模・内容、当該労働者の担当する作業の内容・性質、作業の繁忙、代行者の配置の難易、他の年休請求者の存在など、諸々の状況を総合的に考慮して判断します。

　たとえば、会社の時季変更命令を無視して1か月の連続休暇を取得した事件で、時期変更命令を適法とし、会社が懲戒解雇としたことを有効と認め、解雇無効の訴えを退けた裁判例があります（東京高裁平成11年7月19日判決）。もっとも、単に人手不足である、業務が忙しいという理由だけで時季変更権を行使することは許されません。

● 計画年休を導入する際の注意点

　年次有給休暇（有給休暇）は、原則として、労働者が休暇日を自由に指定できますが、例外として、年5日を超える分（たとえば、有給休暇が年13日の労働者は年8日以内の分）について、使用者が個々の労働者の意思にかかわらず、労使協定で休暇日を定めることができます。これを年休の計画的付与または計画年休といいます。

　計画年休の付与の方法として、①事業場全体の休業による一斉付与方式、②グループ別の付与方式、③年休付与計画表による個人別付与方式の3つがあります。たとえば、①の一斉付与方式を利用すれば、ゴールデンウィークに一斉に有給休暇を取得し、会社全体で連続の休みにすることができます。

　年休の計画的付与を活用すると、使用者には、有給休暇の日程を計画的に決めることができるというメリットがあります。労働者には、有給休暇を取得しにくい職場の雰囲気があっても、有給休暇が取得しやすくなり取得率が向上し、労働時間の短縮につながるというメリットがあります。一方、自分の都合のよい日を自由に有給休暇に指定することができなくなるというデメリットもあります。

なお、労使協定により年休の計画的付与を決めた場合には、労働者・使用者ともに取得時季を変更することができなくなります。

　年休の計画的付与を導入するには、書面による労使協定（過半数組合がある場合にはその労働組合、過半数組合がない場合には労働者の過半数代表者と使用者との間の書面による協定）の締結が必要です。この労使協定の届出は不要です。

● 有給休暇の取得率が低いのが日本の問題点

　日本は有給休暇取得率が低い国とされています。フランスやスペインなどは、バカンスの習慣があることも影響し、ほぼ100％の有給休暇取得率であるのに対し、日本は55％程度の有給休暇取得率となっています（令和３年就労条件総合調査の概況より）。そこで、有給休暇の取得を促す策として、前述した有給休暇の時季指定義務を使用者に課したり、計画年休の導入を可能にしています。

　有給休暇取得率の問題は、もともと勤勉とされる日本人の性質が起因とされています。労働者としては、仕事が忙しくて休む暇がない、休んだ翌日にたまった仕事を片付ける手間を恐れる、有給休暇取得を言い出せない雰囲気の職場に勤めているなどの理由から、有給休暇の取得が進まない状況となっています。一方、会社としては、労働者に休まれて予定通りに仕事が回らなくなる心配や、そもそも会社を休んだ労働者に給与を支払うことへの抵抗感などから、有給休暇の取得を促せない状況となっています。

　しかし、有給休暇の取得は、労働者の権利であるとともに、会社の義務でもあるため、会社は必ず付与しなければなりません。労働者が有給休暇の取得を望んでいるのに会社が付与しなかった場合、労働基準法が定める罰則の適用がある他、会社の損害賠償責任を認めた裁判例もあります（大阪高裁平成24年４月６日判決）。会社は有給休暇の取得を拒むことなく、その取得を促進しなければなりません。

年休の買い上げや時間単位の有給休暇について知っておこう

労働者は時間単位で有給休暇を取得できる場合がある

● 年休は買い上げることができる場合がある

年休（年次有給休暇）は労働基準法に基づいて労働者に与えられた権利です。そのため、使用者が年休を労働者から買い上げて（労働者に金銭を支払って）、労働者に年休を与えたものとし、買い上げた分だけ労働者の年休の日数を減らすことや、労働者から請求された日数分の休暇を与えないことは、年休の制度の趣旨に反し、労働基準法違反になります。休暇をとることで労働者が心身の疲労を回復させるという年休の目的を妨げることになるからです。

ただし、以下の３つの場合に限っては、使用者が年休を買い上げても労働者に不利益が生じないので、例外的に許されます。

① 取得後２年が経過しても未消化の日数分

② 退職する労働者が退職する時点で使い切っていない日数分

③ 法定外に付与した日数分

● 退職の直前に有給休暇を請求された場合

労働者が有給休暇（年次有給休暇）を請求した場合、取得時季については、使用者の承諾を要せず指定できますが、使用者が適法に時季変更権を行使した場合には、取得時季が他の時季に変更されます。

しかし、退職を予定する労働者が、有給休暇の残日数を取得することを見込んで退職日を決め、一括して取得を請求した場合はどうでしょうか。この場合、他に変更できる時期はありませんから、使用者は時季変更権を行使できず、本人の請求する時季に有給休暇を与えなければなりません。なお、退職時に未消化の有給休暇を買い上げるこ

とも可能ですが、買い上げることを理由に有給休暇の請求を拒否することはできません。

● 時間単位の有給休暇とは

時間単位の有給休暇（年休）とは、労働者が時間単位で有給休暇を取得する制度です。有給休暇を時間単位で取得できるようにする条件として、①労使協定を締結すること、②日数は年に5日以内とすること、③時間単位で取得することを労働者が希望していること、が必要です。

時間単位の有給休暇を与える手続きについては、当該事業場に過半数組合があるときはその労働組合、それがないときは過半数代表者と使用者との書面による協定によって、以下の@〜@の内容を定めなければなりません（労働基準法39条4項）。

@　時間を単位として有給休暇を与えることができるとされる労働者の範囲を定めること

@　時間を単位として与えることができるとされる有給休暇の日数（5日以内に限る）

@　時間単位年休1日の時間数（所定労働時間数を基に定め、時間に満たない端数は時間単位に切り上げて計算する）

@　その他厚生労働省令で定める事項（1時間以外の時間を単位とする場合の時間数など）

● 時間単位の有給休暇を取得した場合に支払われる金額

時間単位の有給休暇を取得する場合の具体的に支払われる金額は、以下の①〜③の金額をその日の所定労働時間数で割って決定されることになります（労働基準法39条9項）。①〜③のいずれを基準とするかは、就業規則などに定めることが必要です。

なお、③の標準報酬日額とは、標準報酬月額（毎月の給料など報酬

の月額を区切りのよい幅で区分した金額）の30分の１に相当する金額のことです。

①　平均賃金

②　所定労働時間労働した場合に支払われる通常の賃金

③　当該事業場に過半数組合があるときはその労働組合、それがないときは過半数代表者との書面による協定によって定めることで、健康保険法の標準報酬日額に相当する金額

● 時間単位の考え方

　時間単位の有給休暇における時間単位の設定については、必ずしも１時間単位でなくてもよいですが、その場合は、２時間単位、３時間単位などと労使協定で定めておく必要があります（労使協定で時間単位を定めない場合は１時間単位となります）。

　ただし、1.5時間といった１時間に満たない端数が生じる単位（分単位など）で取得することや、１日の所定労働時間を上回る時間数を時間単位として定めることはできません。たとえば、１日の所定労働時間が５時間の労働者の場合に、時間単位について６時間単位と定めることはできません。

■ 時間単位の有給休暇のしくみ ……………………………………

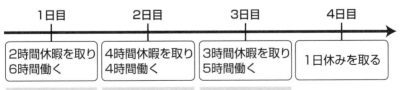

※時間単位の年次有給休暇制度を導入すれば、上記のような働き方が可能になる
　時間単位で取得できる年次有給休暇の日数は最大で５日間

※所定労働時間が８時間の場合

年次有給休暇の管理簿をチェックする

年次有給休暇は取得しやすい環境と制度を作ることが重要

● 休暇管理簿を作成して各労働者の取得日数を管理する

　会社は労働者が年次有給休暇（有給休暇）を取得しやすいように努めなければなりません。年次有給休暇を管理するには、日々の出退勤を記録する通常の出勤簿とは別個に、年次有給休暇の取得日数を一覧することのできるような休暇管理簿（次ページ）を作成するとよいでしょう。ただし、通常の出勤簿だけでなく休暇管理簿についても、3年間は保存しておかなければならないので、作成したままにすることのないように注意してください。

　特に、労働者全体の年次有給休暇取得率が低い会社の場合には、休暇管理簿を作成すると、各労働者の年次有給休暇の取得状況がどうなっているのかを視覚的に把握することができます。

　現状を把握して年次有給休暇の取得率が低いことが判明した場合には、労働者の年次有給休暇取得率を上げるための対策を練ることが必要です。平成30年（2018年）成立の労働基準法改正で、年10日以上の年次有給休暇が付与されている労働者には、年5日以上の年次有給休暇を取得させないと罰則の対象となったためです（30万円以下の罰金）。

　そのためには、1年の業務の流れを洗い出して、各労働者が年次有給休暇を取得しても業務に支障のない時期を確認するようにしましょう。取得しやすい時期を確認したら、その時期に計画的に年次有給休暇を取得するように社員に促すとよいでしょう。部長・課長などの管理者に対しては、部下が年次有給休暇を計画的に取得できるようにある程度の管理をさせる方法も有効です。

年 次 有 給 休 暇 表

部門名	第一システム部		氏名　北風　太陽			令和○年度分
入社年月日	令和○年10月1日					

	有効期間及び年次	令和○年4月1日から	令和○年3月31日まで			
	有休休暇日数	前年度繰越分		令和○年度分	計	
		法定分 3 日	付加分	16 日	19 日	

年次有給休暇年月日		使用日数（時間数）	残日数（時間数）	本人申請月日	直属上司印	部門長印	備考
自	至						
令和○年 8 月 19 日 ～	令和○年 8 月 20 日	2 日　時	17 日　時	7 / 25	南 川	西 山	
年 月 日 ～	年 月 日	日　時	日　時	／			
年 月 日 ～	年 月 日	日　時	日　時	／			
年 月 日 ～	年 月 日	日　時	日　時	／			
年 月 日 ～	年 月 日	日　時	日　時	／			
年 月 日 ～	年 月 日	日　時	日　時	／			
年 月 日 ～	年 月 日	日　時	日　時	／			
年 月 日 ～	年 月 日	日　時	日　時	／			
年 月 日 ～	年 月 日	日　時	日　時	／			
年 月 日 ～	年 月 日	日　時	日　時	／			
年 月 日 ～	年 月 日	日　時	日　時	／			
年 月 日 ～	年 月 日	日　時	日　時	／			

年休の取得にはその他どんな問題があるのか

年次有給休暇は古い順に消化していく

● 繰越分と新規発生分のどちらを優先すべきか

　労働基準法の定めにより、8割以上の出勤率という条件の下、入社から6か月を経過した日から1年ごとに、新しい年次有給休暇が付与されます。一方、年次有給休暇の有効期限、つまり消滅時効は2年となっています。したがって、入社して6か月を経過し、最初の年次有給休暇（通常は10日）が付与され、それから1年後に2回目の年次有給休暇（11日）が、2年後に3回目の年次有給休暇（12日）、という形で1年ごとに付与され、それぞれが2年間利用できます。

　ここで、もし1日も年次有給休暇を利用しなかったらどうなるのでしょうか。

　たとえば、入社して6か月で(A)10日付与され、1年6か月で(B)11日付与された時点では、最初に付与された年次有給休暇(A)もまだ有効期限内ですので、合計21日となります。そして、入社2年6か月経過した日に、最初に付与された年次有給休暇(A)が時効消滅し、新たに(C)12日の年次有給休暇が付与され、前回付与された分(B)と合わせて23日の年次有給休暇が残ります。

　次に、入社して1年6か月経過した後に年次有給休暇を利用した場合はどうなるでしょうか。その場合、最初の年次有給休暇(A)を利用するのか、それとも2回目の年次有給休暇(B)を利用するのかによって扱いが変わります。

　まず、(A)を優先して6日利用する場合、入社2年6か月経過した日に(A)の残り4日が消滅し、(B)の11日は繰り越され、(C)の12日との合計が23日となります。続いて、(B)を優先して6日利用する場合、入社2

年6か月経過した日に(A)の10日が消滅し、(B)の残り5日が繰り越され、(C)の12日との合計が17日となります。

このように、繰り越された年次有給休暇と新たに発生した年次有給休暇のどちらを優先利用するかにより、残日数が異なってきます。労働基準法では、どちらを優先すべきかを規定していませんが、労使間の特別な合意がない限り、繰り越された分（先に発生していた分）から順に利用されていくと解釈されています。

● 年休を当日に請求された場合は

年休については、原則として労働者が実際の取得日を指定します（時季指定権）。会社は、指定された日に年休を取得されると「事業の正常な運営を妨げる」場合であれば、時季変更権を行使して、別の時季に取得日を変更してもらうことができます。したがって、もし当日に年休の取得を請求された場合に、業務の都合上で休まれては困るのであれば、時季変更権を行使することになります。

しかし、連絡が入る時刻が始業時刻後やその直前であるときには、時季変更権を行使しても、その時点から通勤されても通常の勤務ができません。結果として、年休の取得を認めざるを得ないことになるでしょう。

そのような事態を防ぐには、就業規則に少なくとも前日までに年休取得を申し出るよう規定する必要があります。年休の日数が残っていても、出勤しない日を欠勤とするのは問題ありませんので、当日の連絡について欠勤とすることも可能です。ただ、労働者が体調不良なのに無理して出勤するのを防ぐため、または会社の温情で、当日に申出のあった年休の取得を認めるケースもあります。会社としてどのようなスタンスで臨むのが適切か、労働者の便宜を図りつつ、職場のモラルや公平性を考慮してルールを明確にする必要があります。

Q 年次有給休暇を与えた場合の賃金の算定方法はどのようになっているのでしょうか。

A 年次有給休暇（有給休暇）を与えた場合の賃金の算定方法として、①平均賃金、②所定労働時間労働した場合に支払われる通常の賃金、③健康保険法40条１項に定める標準報酬日額に相当する金額、の３つがあります（労働基準法39条９項）。いずれを選択するかは、就業規則などの規定によりますが、一般的に②を選択しているケースが多いようです。

① **平均賃金**

年次有給休暇を取得する際の平均賃金の算定は、「年次有給休暇を取得した日（２日以上のときは、最初の日）」を「算定すべき事由の発生した日」として行います。

② **所定労働時間労働した場合に支払われる通常の賃金**

所定労働時間労働した場合に支払われる通常の賃金の算定方法は、労働基準法施行規則25条に規定されています。これによると、時給1,000円で７時間働く場合は1,000×７＝7,000円、日給6,000円の場合は6,000円、週給５万円で週５日働く場合は５万円÷５＝１万円、月給22万円で月20日働く場合は22万円÷20＝１万1,000円、などの計算で１日分の賃金を算定します。このことから、変形労働時間制を採用している場合であっても、必ず基準となる所定労働時間を定めておく必要があります。

③ **健康保険法40条１項に定める標準報酬日額に相当する金額**

標準報酬日額とは、標準報酬月額の30分の１に相当する額をいいます。標準報酬月額とは、月々の賃金を区切りのよい幅で区分したものをいい、健康保険料や厚生年金保険料を算定する際に使用されます。③の方法によって支払う場合は、使用者は、労働者の過半数で組織する労働組合などと、書面による協定を締結する必要があります。

第4章

みなし労働時間・
変形労働時間・
フレックスタイム制度

事業場外みなし労働時間制について知っておこう

労働時間の算定が難しい場合に活用できる

● 外勤労働者の労働時間について

　営業担当者などの外勤に従事する労働者の労働時間は、どのように算定するのでしょうか。外勤に従事する場合も実際に働いた時間を計算するのが、労働基準法の考え方の基本です。

　もっとも、外勤に従事する労働者について、労働基準法は、「労働時間の全部又は一部について事業場外（事業場施設の外）で業務に従事した場合において、労働時間を算定しがたいときは、所定労働時間労働したものとみなす」と規定しています。つまり、外勤に従事する労働者につき、労働時間の算定が難しいときは、就業規則などで定める所定労働時間（始業時刻から終業時刻までの間）を労働したとみなします。これを事業場外労働のみなし労働時間制といいます。

　この制度に関しては、「当該業務を遂行するためには通常所定労働時間を超えて労働することが必要となる場合においては、当該業務に関しては、当該業務の遂行に通常必要とされる時間（通常必要時間）労働したものとみなす」との規定もあります。つまり、通常は所定労働時間に終了できない仕事に従事したときは、その仕事の通常必要時間を労働したとみなします。そして、この規定が適用される仕事に従事した労働者は、「事業場外のみなし労働時間制が適用されない業務（事業場内の業務など）の労働時間（ゼロの場合もある）＋その業務の通常必要時間」が1日の労働時間として扱われます。

● 適用されないケースが多い

　外勤に従事する労働者でも「労働時間を算定しがたい」とはいえず、

事業場外のみなし労働時間制が適用されない場合があります。

　たとえば、上司と同行して外出する際、その中に労働時間を管理する立場の上司がいる場合、その上司は、部下の始業時刻・終業時刻を把握し、記録する必要があります。つまり、会社が「労働時間を算定しがたい」とはいえない状況です。労働時間の管理は、会社が設置したタイムカードに打刻することだけではありません。

　会社によっては、外勤に従事する労働者に会社所有の携帯電話を貸与する場合もあります。この場合、上司が労働者に随時連絡をとり、具体的指示をすることが可能ですから、基本的には労働時間を管理できる状況にあると解釈されます。携帯電話を貸与されていなくても、出社して上司から訪問先や帰社時刻などに関する当日の具体的指示を受け、それに従い業務に従事した後に帰社する場合も、同様に労働時間を管理できる状況にあると解釈されます。

　これらの場合、事業場外のみなし労働時間制は適用されず、実際に働いた時間を計算して労働時間とします。事業場外のみなし労働時間制の適用に関する行政通達は昭和63年（1988年）に出されたもので、その後に通信技術が大幅に進化しています。事業場外のみなし労働時間制の適用の余地は狭まっています。

● 事業場外労働と残業代の支給の有無

　事業場外労働のみなし労働時間制は、事業場外労働がある場合において「所定労働時間」または「通常必要時間（この制度が適用されない業務の労働時間があれば、それを加算する）」を労働したとみなす制度です。特に通常必要時間については、できるだけ労使協定を締結して、その業務を行うのに通常どの程度の労働時間が必要であるかをあらかじめ決めて、その時間を労働時間とするとよいでしょう。

　また、事業場外労働のみなし労働時間制によっても、残業代（時間外労働手当）を支払わなくてよいわけではありません。たとえば、あ

る業務に関する通常必要時間が10時間の場合、労働者がその業務に従事すれば1日の労働時間が8時間超とみなされますから、その日は2時間分の残業代の支給が必要です。

　労使協定で通常必要時間を定める場合、それが8時間以内であれば労使協定の締結だけでよいのですが、8時間を超える場合は労使協定を労働基準監督署に届け出なければなりません。また、通常必要時間を労使協定で定めるか否かを問わず、通常必要時間を含めた1日の労働時間が8時間を超える場合には、別途、三六協定の締結と届出が必要であることに注意しなければなりません。

　なお、営業担当者の事業所外労働の労働時間は管理できないので、営業手当を支給し、残業代も営業手当に含むとする会社もあるようです。しかし、通常必要時間を含めて8時間を超える場合は、月に何回事業所外労働があるかを把握し、「営業手当は○時間分の残業代を含む」などと規定しなければ、別途残業代の支払いが必要です。

■ 午後から外回りに出た場合の労働時間の算定 ⋯⋯⋯⋯⋯⋯

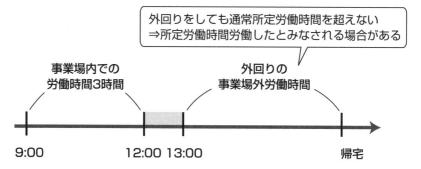

外回りをしても通常所定労働時間を超えない
⇒所定労働時間労働したとみなされる場合がある

事業場内での
労働時間3時間

外回りの
事業場外労働時間

9:00　　　　　　12:00 13:00　　　　　　　　　　帰宅

書式　事業場外労働のみなし労働時間制に関する協定書

様式第12号（第24条の2第3項関係）

事業場外労働に関する協定届

事 業 の 種 類	事 業 の 名 称	事業の所在地（電話番号）		
衣服・身の回り品 卸売業	株式会社 緑商会	〒141-0000 東京都品川区五反田1-2-3 (03-3321-1123)		
業 務 の 種 類	該 当 労 働 者 数	1日の所定 労働時間	協定で定め る時間	協定の有効 期間
営業業務	5人	8時間	9時間	令和○年 4月1日から 1年間
時間外労働に関する協定の届出年月日		令和○年3月11日		

協定の成立年月日　令和○ 年 3 月 4 日
協定の当事者である労働組合（事業場の労働者の過半数で組織する労働組合）の名称
又は労働者の過半数を代表する者の　職名 営業1課（一般職）
　　　　　　　　　　　　　　　　　氏名 東京　金一
協定の当事者（労働者の過半数を代表する者の場合）の選出方法
（　　　　　　　投票による選挙　　　　　　　）
　上記協定の当事者である労働組合が事業場の全ての労働者の過半数で組織する労働組合である又は上記協定の当事者である労働者の過半数を代表する者が事業場の全ての労働者の過半数を代表する者であること。☑（チェックボックスに要チェック）
　上記労働者の過半数を代表する者が、労働基準法第41条第　号に規定する監督又は管理の地位にある者でなく、かつ同法に規定する協定等をする者を選出することを明らかにして実施される投票、挙手等の方法による手続により選出された者であって使用者の意向に基づき選出されたものでないこと。☑（チェックボックスに要チェック）

令和○ 年 3 月11 日

　　　　　　　　　　　　　　　　　　　　　株式会社 緑商会
　　　　　　　　　　　　　　使用者 職名 代表取締役
　　　　　　　　　　　　　　　　　氏名 鈴木　太郎

　　　品川　　　労働基準監督署長殿

記載心得

2 裁量労働制について知っておこう

労使協定により定めた時間を労働したものとみなす制度

● 裁量労働制とは

　業務の中には必ずしも労働の成果が労働時間と関連しない職種もあります。労使協定によって、実際の労働時間と関係なく、労使協定で定めた時間を労働したとみなす制度が設けられています。このような労働を裁量労働といい、裁量労働により労働時間を測る方法を裁量労働制といいます。裁量労働制には、労働基準法で定める専門業務に就く労働者について導入可能な専門業務型裁量労働制と、企業の本社などで企画、立案、調査や分析を行う労働者が対象の企画業務型裁量労働制の２種類があります。

● 専門業務型裁量労働制とは

　「専門業務」とは、新商品や新技術の研究開発など、情報処理システムの分析・設計、取材・編集、デザイン考案、プロデューサー、システムコンサルタントなどの業務です。

　導入する際には、労使協定でさまざまな事項を定めなければなりません。まず、対象となる業務を定めます。専門業務であるため裁量労働が認められているので、その業務の範囲は厚生労働省令で定められています。社内ルールで「専門」と考えても、厚生労働省令で定める業務に該当しなければ、裁量労働は認められません。

　次にみなし労働時間を定めます。たとえば、専門的な業務に従事する労働者について、所定労働時間を「７時間」と規定しておくと、実際には所定労働時間よりも短く働いた場合（５時間など）であっても、所定労働時間の労働に従事した（７時間働いた）ものと扱うということです。

また、業務の遂行、手段、時間の配分について会社が具体的な指示をしないこと、対象労働者の健康を確保するための措置を講ずること、労働者からの苦情の処理に関する措置を会社が講じることを定める必要があります。

● 企画業務型裁量労働制とは

　「企画業務」とは、①経営企画を担当する部署における業務のうち、経営状態・経営環境などについて調査や分析を行い、経営に関する計画を策定する業務や、②人事・労務を担当する部署における業務のうち現行の人事制度の問題点やそのあり方などについて調査や分析を行い、新たな人事制度を策定する業務、などを指します。労働時間については、専門業務型裁量労働制と同様で、「みなし労働時間」を採用することを認めています。

■ 専門業務型裁量労働制を導入する際に労使協定で定める事項…

1	対象業務の範囲
2	対象労働者の範囲
3	1日のみなし労働時間数
4	業務の遂行方法、時間配分などについて、従事する労働者に具体的な指示をしないこと
5	労使協定の有効期間（3年以内が望ましい）
6	対象業務に従事する労働者の労働時間の状況に応じた健康・福祉確保措置
7	苦情処理に関する措置
8	⑥と⑦の措置に関する労働者ごとの記録を有効期間中と当該有効期間後3年間保存すること

企画業務型の裁量労働制の場合、労働者と使用者の代表で構成する労使委員会を設置して、委員の多数（5分の4以上）の同意を得て、対象業務や対象労働者の範囲を定める必要があります。労使委員会の決議は、労働基準監督署に届け出なければなりません。届出によって、対象労働者が、労使委員会の決議で定めた時間に労働したとみなすことができる制度です。

■ 企画業務型裁量労働制の要件 ………………………………

1	対象事業場	②の対象業務が存在する事業場（本社・本店等に限る）
2	対象業務	企業等の運営に関する事項についての企画、立案、調査及び分析の業務であって、業務の遂行方法等に関し使用者が具体的な指示をしないこととするもの 【例】経営状態・経営環境等について調査・分析を行い、経営に関する計画を策定する業務
3	対象労働者	②の対象業務を適切に遂行するための知識・経験等を有し、対象業務に常態として従事する労働者（本人の同意が必要）
4	決議要件	委員の5分の4以上の多数による合意
5	労使委員会	委員の半数は過半数組合（ない場合は過半数代表者）に任期を定めて指名されていることが必要
6	定期報告事項	対象労働者の労働時間の状況に応じた健康・福祉を確保する措置について報告
7	決議の有効期間	3年以内とすることが望ましい

専門業務型裁量労働制に関する協定届

様式第13号（第24条の2の2第4項関係）

事業の種類	事業の名称	事業の所在地（電話番号）
ソフトウェア開発	株式会社○○システム	東京都港区三田○丁目○−○（03−0000−0000）

業務の種類	業務の内容	該当労働者数	1日の所定労働時間	協定で定める労働時間	労働者の健康及び福祉を確保するために講ずる措置	労働者からの苦情の処理に関して講ずる措置	協定の有効期間
情報処理システムの設計	アプリケーションシステムの設計	8名	6時間30分	8時間	☑（チェックボックスに要チェック）特別健康診断の実施、産業医による面談（ID カードによる管理）	相談窓口を設置し、個人のプライバシーに配慮して受け取り、調査を行い、改善策を労働者に提示	令和○年○月○日から令和○年○月○日まで

協定の成立年月日　令和○年○月○日

協定の当事者である労働組合（事業場の労働者の過半数で組織する労働組合）の名称又は労働者の過半数を代表する者の　☑（チェックボックスに要チェック）
職名　株式会社○○労働組合委員長
氏名　○○　○○

協定の当事者（労働者の過半数を代表する者の場合）の選出方法（　　　　　　）

上記協定の当事者である労働組合が事業場の全ての労働者の過半数で組織する労働組合である又は上記協定の当事者である労働者の過半数を代表する者が事業場の全ての労働者の過半数を代表する者であること。
上記労働者の過半数を代表する者が、労働基準法第41条第2号に規定する監督又は管理の地位にある者でなく、かつ、同法に規定する協定等をする者を選出することを明らかにして実施される投票、挙手等の方法による手続により選出された者であつて使用者の意向に基づき選出されたものでないこと。　☑（チェックボックスに要チェック）

時間外労働に関する協定の届出年月日　令和○年○月○日

令和○年　○月　○日

三田　労働基準監督署長殿

使用者　職名　株式会社○○システム　代表取締役
　　　　氏名　○○　○○

記載心得

様式第13号の2（第24条の2の3第1項関係）

企画業務型裁量労働制に関する決議届

事業の種類	事業の名称	事業の所在地（電話番号）	常時使用する労働者数
出版業	新栄出版株式会社	豊島区東池袋○-○-○（○○○○-××××）	20人

業務の内容	対象となる労働者の範囲（職務経験年数、職能資格等）	労働者数
企画・立案の業務 調査・分析の業務	勤続5年以上 勤続7年以上	4人 5人

労働者ごとの、当該業務の遂行の手段及び時間配分の決定等に関し使用者が具体的な指示をしないこと及び労働時間の状況に応じた当該労働者の健康及び福祉を確保するための措置を当該決議で定めるところにより使用者が講ずること並びに労働者からの苦情の処理に関する措置を使用者が講ずることについての決議の有無	決議で定める労働時間
	8時間 8時間

労働者の健康及び福祉を確保するために講ずる措置 （労働者の労働時間の状況の把握方法）
（　健康診断の実施 　　タイムカード　　）

労働者からの苦情の処理に関して講ずる措置
毎週一回、総務部に裁量労働相談室を開設する

労働者ごとに、当該業務の遂行の手段及び時間配分の決定等に関し使用者が具体的な指示をしないこと

労働者の健康及び福祉を確保するために講じた措置の記録を保存すること及びその記録を労働者の同意に関する記録、労働者からの苦情の処理に関して講じた措置の記録と併せ保存することについての決議の有無　有・無

決議の成立年月日　令和○年○月○日　有効期間　令和○年4月1日から令和○年3月31日まで

決議の有効期間	運営規程に含まれている事項	その他の決議事項
	開催に関する事項	委員の選出に関する事項
	委員会への情報開示に関する事項	決議の方法に関する事項
	召集に関する事項	委員の半数に関する事項

委員会の委員数	委員会の招集の有無 規程の有無	委員会の同意の有無
7人	有・無	有・無

氏名	任期を定めて指名された8委員	任期
○○○	委員	1年
○○○		1年
○○○		1年
○○○		1年
○○○		1年

氏名　その他の委員（一般職）
氏名　委員会の議長又は労働者の過半数を代表する者の職名氏名　制作課係長（一般職）

決議は、上記委員の5分の4以上の多数による議決により行われたものであること。
委員会の委員の半数について任期を定めて指名した労働組合（事業場の労働者の過半数で組織する労働組合）の名称又は労働者の過半数を代表する者の職名氏名

投票による選挙（労働者の過半数で組織する労働組合がない場合は、労働者の過半数を代表する者の選出方法）

上記委員会の委員の半数について任期を定めて指名した者が、労働者の過半数で組織する労働組合がある場合においてはその労働組合、労働者の過半数で組織する労働組合がない場合においては労働者の過半数を代表する者である者であること。☑（チェックボックスに要チェック）

上記労働者の過半数を代表する者が、法に規定する協定等をする者を選出することを明らかにして実施される投票、挙手等の方法による手続により選出された者であつて使用者の意向に基づき選出されたものでないこと。☑（チェックボックスに要チェック）

決議の成立年月日　令和○年○月○日

令和○年○月○日

使用者　職名　氏名　新栄出版株式会社　代表取締役
　　　　　　　　　○○○○

○○労働基準監督署長殿

記載心得

池袋（印）

様式第13号の4（第24条の2の5第1項関係）

企画業務型裁量労働制に関する報告

報告期間	令和○年1月から令和○年6月まで

事業の種類	事業の名称	事業の所在地（電話番号）
出版業	新栄出版株式会社	豊島区東池袋○-○-○(03-○○○○-××××)

業務の種類	労働者の範囲	労働者数	労働者の労働時間の状況（労働時間の把握方法）	労働者の健康及び福祉を確保する措置の実施状況
経営計画の策定業務	企画部で、入社7年目以上、主事6級	8	平均9時間、最長13時間（ICカード）	特別健康診断の実施（令和○年○月○日実施）、特別休暇の付与
			（　　　）	
人事計画の策定	人事部で、入社7年目以上、主事6級	7	平均9時間、最長14時間（ICカード）	特別健康診断の実施
			（　　　）	

令和○年7月10日

池袋　労働基準監督署長　殿

使用者　職名　新栄出版社　代表取締役
　　　　氏名　○○　○○

記載心得

1 「業務の種類」の欄には、労働基準法第38条の4第1項第1号に規定する業務として決議した業務を具体的に記入すること。
2 「労働者の範囲」の欄には、労働基準法第38条の4第1項第2号に規定する労働者の範囲として決議した労働者の範囲及び「労働者数」の欄には、労働基準法第38条の4第1項第2号に規定する労働者の範囲として決議した労働者の範囲に属する労働者の数を記入すること。
3 「労働者の労働時間の状況」の欄には、労働基準法第38条の4第1項第4号に規定する労働時間の状況として把握した労働者の労働時間の状況として把握した時間のうち、平均的なものの及び最長のものの状況を具体的に記入すること。また、労働基準法第38条の4第1項第4号に規定する労働時間の状況として把握した方法を具体的に記入すること。
4 「労働者の健康及び福祉を確保するための措置の実施状況」の欄には、労働基準法第38条の4第1項第4号に規定する措置として講じた措置の実施状況を具体的に記入すること。

成果による報酬設定システムの導入が検討されている

● どんな制度なのか

　特定高度専門業務・成果型労働制（高度プロフェッショナル制度）は、専門的な知識を必要とする特定の業務を行う年収1075万円以上の労働者を対象としています。労使委員会での決議と本人の同意を前提として、年間104日以上の休日の確保措置や健康管理時間の状況に応じた健康・福祉確保措置を講ずることで、労働基準法に定められた時間外・休日・深夜の割増賃金の支払いが不要になる制度です。

　対象労働者には、深夜割増賃金に関する規定も適用されませんので、深夜時間帯も含めて労働者が自分のペースで時間配分を行える点が特徴です。反面、深夜中心の勤務体系に偏ることなく、労働者の健康確保措置をいかに講じていくのか、使用者側の工夫が求められます。

　使用者には、対象労働者に対し、一定の休日を確保するなどの健康確保措置をとることが義務付けられています。導入手続きとしては、前提として対象事業場において、使用者側と当該事業場の労働者側の双方を構成員とする労使委員会を設置しなければなりません。その上で、労使委員会がその委員の5分の4以上の多数による議決により、対象業務や対象労働者などの事項に関する決議をして、当該決議を使用者が労働基準監督署（所轄労働基準監督署長）に届け出ることが必要です。さらに、高度プロフェッショナル制度（高プロ制度）が適用されることについて、対象労働者から書面による同意を得ることが求められます。同意をしなかった労働者に対して、解雇その他の不利益な取扱いを行うことは許されません。なお、高プロ制度の適用を受けて働き始めてからも、その適用を労働者の意思で撤回できます。

労使委員会で決議すべき主な事項は、①対象業務の範囲、②対象労働者の範囲、③健康管理時間、④健康確保措置といった事項です。なお、これらの事項や労働者の同意に関して、就業規則にも明示する必要があります（就業規則の変更を伴うので届出も必要です）。

① **対象業務の範囲**

　対象業務は、高度の専門的知識などが必要で、業務に従事した時間と成果との関連性が強くない業務です。たとえば、金融商品の開発業務やディーリング業務、アナリストによる企業・市場等の高度な分析業務、コンサルタントによる事業・業務の企画・運営に関する高度な助言などの業務が念頭に置かれています。

② **対象労働者の範囲**

　使用者との間の書面による合意に基づき職務の範囲が明確で、かつ、年収見込額が1075万円を上回る水準以上である労働者です。

③ **健康管理時間**

　健康管理時間とは、対象労働者が「事業場内に所在していた時間」と「事業場外で業務に従事した場合における労働時間」とを合計した時間のことです。労使委員会は、健康管理時間の状況に応じて、使用者が講ずるべき対象労働者の健康確保措置や福祉確保措置（健康診断の実施など）を決議します。

④ **長時間労働防止措置**

　労使委員会は、労働者の長時間労働を防止するため、次の3つの措置を使用者がすべて講ずべきことを決議します。

ⓐ　対象労働者に対し、4週間を通じ4日以上、かつ、1年間を通じ104日以上の休日を与えること。

ⓑ　対象労働者の健康管理時間を把握する措置を講ずること。

ⓒ　対象労働者に24時間につき継続した一定時間以上の休息時間を与えるか、対象労働者の健康管理時間を1か月または3か月につき一定時間を超えない範囲にするなどの措置を講ずること。

様式第14号の3（第34条の2第1項関係）

高度プロフェッショナル制度に関する報告

| | 労働保険番号 | □□□□□□□□□□□□□□ |
| | 法人番号 | □□□□□□□□□□□□□ |

事業の種類	事業の名称	事業の所在地（電話番号）	報告期間	常時使用する労働者数（制度の適用対象労働者数）
金融業	ニュー・スター証券株式会社	（〒○○○-○○○○）渋谷区渋谷○-○-○（電話番号：03-○○○○-○○○○）	令和○年1月から 令和○年6月まで	（　11名　）

業務の種類及びその内容	労働者の範囲	同意をした労働者数（同意を得た同日労働者数）	労働者の健康管理時間の状況（健康管理時間の把握方法）	労働者の休日の取得状況	選択的措置の実施状況	労働者の健康を確保するための措置の実施状況
資産運用の業務（投資判断に基づく資産運用）	入社5年目以上、年収2000万円以上	5名	最長の者 13時間　平均 9時間（タイムカードによる記録　決議した時間を除いた場合□）	1年間で110日（4週間を通じ4日以上の休日の確保☑）	（勤務間インターバル 11時間以上、1か月当たりの深夜労働4回以内）	（医師による面接指導の実施）
有価証券の売買等（投資判断に基づく資産運用としての有価証券の売買）	入社5年目以上、年収2000万円以上	6名	最長の者 13時間　平均 9時間（決議した時間を除いた場合□）	1年間で110日（4週間を通じ4日以上の休日の確保☑）	（勤務間インターバル 11時間以上、1か月当たりの深夜労働4回以内）	（医師による面接指導の実施）
（　　）	（　　）		最長の者　　平均（決議した時間を除いた場合□）	（4週間を通じ4日以上の休日の確保□）		
（　　）	（　　）		最長の者　　平均（決議した時間を除いた場合□）	（4週間を通じ4日以上の休日の確保□）		
（　　）	（　　）		最長の者　　平均（決議した時間を除いた場合□）	（4週間を通じ4日以上の休日の確保□）		

令和○年 7月10日

渋谷 労働基準監督署長殿

使用者　職名
　　　　氏名　○○ ○○

様式第14号の2（第34条の2第1項関係）

高度プロフェッショナル制度に関する決議届

事業の種類	事業の名称	事業の所在地（電話番号）		常時使用する労働者数
金融業	ニュー・スター証券株式会社	（〒○○○－○○○○） 渋谷区渋谷○－○－○ （電話番号： － 03 ○○○○ ○○○○）		18名

			決議の有効期間
	労働保険番号		令和○年4月1日から1年間
	法人番号		

対象業務（決議において定めた業務の内容）

資産運用の業務（投資判断に基づく資産運用）
金融商品の開発の業務（投資判断に基づく資産運用としての有価証券の売買その他の取引の業務）

対象労働者の範囲（決議において定めた労働者の範囲及びその労働者数）	労働者の範囲	労働者数	支払われると見込まれる賃金の額
	入社5年目以上	5名	2000万円
	入社5年目以上	6名	2000万円

対象労働者の同意（決議において定めた労働者の同意の撤回に関する手続）

同意を得る方法：書面による

同意を得なかった場合、①当該人事評価及び②同意をしなかった場合の配置及び処遇並びに③同意をしなかったことに対する不利益取扱いはしない旨を明示する。

同意の撤回に関する手続：書面による

対象労働者の健康管理時間の把握方法

事業場内にいた時間（休憩時間を除く労働者の労働時間以外の時間）
事業場外において業務に従事した場合における労働時間

健康管理時間の状況に応じた健康・福祉確保措置（決議において定めた措置）

（1週間当たりのインターバル11時間以上、1か月当たりの深夜業は4回以内）
（勤務間インターバル 1週間当たりの深夜業時間数が40時間を超えた労働者に翌月1日の特別休暇を付与）

苦情処理に関する措置（決議において定めた措置の具体的内容）

苦情処理窓口の設置・苦情内容に対する者 名

委員の5分の4以上の多数による議決の有無	有・無

決議は、上記委員の5分の4以上の多数によるものである。

委員会の委員数
5名

委員会の委員の氏名	氏名	任期を定めて指名された委員
○○	1年	
○○	1年	
○○	1年	
○○	1年	
○○	1年	

決議の成立年月日 令和 ○年 ○月 ○日

使用者
職名 ニュー・スター証券株式会社 代表取締役
氏名 ○○ ○○

渋谷 労働基準監督署長殿

変形労働時間制について知っておこう

法定労働時間内となる労働時間が増えるのがメリット

● 変形労働時間制とは何か

　会社の業種の中には、「土日だけ忙しい」「月末だけ忙しい」「夏だけ忙しい」などのように、時期や季節によって繁閑の差が激しい業種もあります。このような業種の場合、忙しいときは労働時間を長くして、逆に暇なときは労働時間を短くしたり、休日にしたりする方が合理的といえます。そこで考えられたのが変形労働時間制です。

　変形労働時間制とは、一定の期間を通じて、平均して「１週40時間」（法定労働時間）の範囲内であれば、特定の日や特定の週に「１日８時間、１週40時間」を超えて労働させることができる制度です。

　なお、１か月単位の変形労働時間制を導入する事業場については、特例措置対象事業場に該当すれば、平均して「１週44時間」の範囲内とすることができます。

　たとえば、変形労働時間制を採用する単位を４週間（１か月）と定めた場合で、月末に繁忙期を迎える工場（特例措置対象事業場ではない）について、月末の１週間の所定労働時間が48時間であったとします。このとき、第１週が40時間、第２週が40時間、第３週が32時間の労働時間であれば、４週間の総労働時間は160時間であり、平均すると１週の法定労働時間を超えません（週40時間×４週間＝160時間に等しいため）。このように、あらかじめ設定した一定の期間（ここでは４週間）を平均して「１週40時間」を超えないことが、変形労働時間制の要件のひとつとなります。

　労働基準法が認める変形労働時間制には、①１か月単位の変形労働時間制、②１年単位の変形労働時間制、③１週間単位の非定型的変形

労働時間制の3類型があります。

　なお、満18歳未満の者を変形労働時間制によって労働させることはできないのが原則です。また、変形労働時間制を採用している事業所であっても、妊娠中の女性や出産後1年を経過していない女性が請求した場合は、法定労働時間を超過して働かせることはできません。

　その他、労働者が育児や介護を担当する者である場合や、職業訓練・教育を受ける場合などには、変形労働時間制を採用する際に、個々の事情に応じた時間の確保について配慮する必要があります。

● 変形労働時間制のメリット・デメリット

　変形労働時間制のメリットは、前述のように、業種に合わせた合理的な労働時間を設定できることが挙げられます。また、労働時間が法定労働時間に収まる範囲が広がるので、企業側が残業代を削減できることも大きなメリットだといえます。

　一方、変形労働時間制のデメリットは、労働者ごとに労働時間が異なるため、会社としての一体性を保つことが困難になり、労働者のモチベーションや規律の低下を招く可能性があります。また、企業の担当者が複雑な労働時間の管理等の手続きをしなければなりません。

■ 変形労働時間と時間外労働 ……………………………………

【原　則】法定労働時間 ⇒ 1日8時間・1週40時間

　　　∴ 4週間（1か月）では … 40時間×4週間 ＝ 160時間

【変形労働時間制】（例）単位を4週間（1か月）として月末に忙しい商店の場合

【第1週】	【第2週】	【第3週】	【第4週】
⇒40時間	⇒40時間	⇒32時間	⇒48時間

4週間（1か月）を通じて
〈 40時間＋40時間＋32時間＋48時間＝160時間 〉

∴時間外労働にあたる労働時間は発生しないと扱われる！

5 １か月単位の変形労働時間制について知っておこう

月単位の平均労働時間が法定労働時間内に収まればよい

● どんな制度なのか

　１か月単位の変形労働時間制とは、１か月以内の一定期間を平均して、１週間の労働時間が40時間を超えなければ、特定された日または週に、法定労働時間（１週あたり40時間、１日あたり８時間）を超えて労働させることができる制度です。１年単位の変形労働時間制や１週間単位の変形時間労働制とは異なり、各週・各日の労働時間については、上限が規定されていません。

　１か月単位の変形労働時間制を導入する業種や職種としては、たとえば月初や月末だけ忙しくなる仕事のように、１か月の中で仕事量に繁閑のあるものが考えられます。所定の労働時間がもともと短時間に設定されているようなパート職員を多く雇っている企業なども、１か月単位の変形時間労働制を採用することで、効率的で労働時間の管理が容易になるという利点があります。また、職業の性質上、夜勤の制度がある工場や病院などの他、タクシードライバーのような深夜交代制の職種においても、利用される場合が多いといえます。さらに、すべての労働者を１か月単位の変形時間労働制の対象にする必要があるわけではなく、業務量の多寡に応じて、特定の部署や特定の職員に限定して採用することも認められています。たとえば、正社員については採用せず、パート職員限定で、１か月の変形時間労働制を採用するという運用方法も可能であると考えられます。

● 労使協定または就業規則によって定めることが必要

　１か月単位の変形労働時間制を採用するためには、事業場の労働者

166

の過半数で組織する労働組合（そのような労働組合がない場合は過半数代表者）との間で労使協定を結ぶか、就業規則の作成・変更によって、1か月以内の一定の期間を平均して1週間あたりの労働時間が法定労働時間（原則は週40時間、特例措置対象事業場は週44時間）を超えないとする定めをしなければなりません。その上で、締結した労使協定または作成・変更した就業規則を労働基準監督署に届け出てから（就業規則の届出は常時10人以上の場合に限ります）、労働時間の管理方法を労働者に周知する必要があります。このように、労使協定を締結しなくても、就業規則を作成・変更することで、1か月単位の変形労働時間制を採用することができるため、企業の負担は比較的少ないといえます。なお、労使協定を届け出る場合には、1か月単位の変形労働時間制に関する協定届（172ページ）を用いて、変形期間中の労働時間数や休日に関する事項などを届け出ることになります。

　たとえば、週休2日制（土日が休日）を採用している企業では、月末にかけて業務量が増える業種で採用することが考えられます。仮に業務量が増えた時期に1日10時間の労働が必要な業務であれば、「10時間×5日間＝50時間」が労働時間にあたります。法定労働時間は「1日8時間×5日間＝40時間」ですから、法定労働時間を超える部分（50時間－40時間＝10時間）は時間外労働にあたり、会社は残業代を負担しなければなりません。

　一方で、1か月単位の変形労働制では、1か月以内の一定期間を平均した1週間あたりの労働時間が法定労働時間内であればよいわけです。「一定期間＝4週間」を例にすると（169ページ図参照）、法定労働時間は「週40時間×4週間＝160時間」です。月末の第4週が平均10時間労働（10時間×5日間＝50時間）であるとしても、第1週が平均6時間労働（6時間×5日間＝30時間）、第2週が平均7時間労働（7時間×5日間＝35時間）、第3週が平均9時間労働（9時間×5日間＝45時間）の場合には、4週間の合計労働時間は160時間ですので、

平均した1週間あたりの労働時間は法定労働時間内（160時間÷4＝40時間）に収まります。

● 就業規則などに定めるべき事項

　1か月単位の変形労働時間制を採用するためには、以下の①〜⑤の事項について、労使協定または就業規則で定めることが必要です。注意点としては、就業規則による場合は、「各日の始業・終業時刻」（絶対的必要記載事項のひとつです）を定めなければなりません。一方、労使協定による場合は、協定の有効期間を定めなければなりません。

　また、就業規則や労使協定を事業場の所在地を管轄する労働基準監督署に届け出ることを忘れてはいけません。1か月単位の変形労働時間制の採用にあたっては、労使協定または就業規則に定める事項をよく確認するようにしましょう。

①　1か月以内の一定期間（変形期間といいます）とその期間の起算日
②　対象労働者の範囲
③　変形期間の1週間平均の労働時間が40時間（特例措置対象事業場は週44時間）を超えない定め
④　変形期間における各日・各週の労働時間（所定労働時間）
⑤　就業規則による場合は各日の始業・終業時刻（労使協定による場合は有効期間の定め）

　なお、変形期間における法定労働時間の総枠を超えて、各週の所定労働時間を設定することはできません。

● 1か月単位の変形労働時間制を採用するメリット

　変形労働時間制は法定労働時間制の変形ですから、特定の週、特定の日に「1週40時間、1日8時間」を超える労働時間が定められても、超えた部分は時間外労働にはなりません。そのため、企業にとっては、法定労働時間に厳格に縛られることなく、各日や各週の所定労働時間

を設定することが可能になります。そして、事業を運営していく上で、繁忙期とそれ以外の期間が比較的明確に分かれている場合には、1か月単位の変形労働時間制を採用することで、閑散期に生じるムダな人件費を削減できるという効果が期待できます。

　1か月単位の変形労働時間制において時間外労働になるのは、就業規則などで定めた各日・各週の所定労働時間（前述した168ページ④）を超えた場合です。もっとも、上記により時間外労働とされた時間を除き、変形期間の法定労働時間の総枠を超える時間も時間外労働になる点に注意が必要です。時間外労働にあたる以上当然ですが、割増賃金の支払いが必要です。

　以上の点に注意すれば、基本的には繁閑に合わせた労働時間を設定しているため、時間外労働の割増賃金を支払うべき場面を極力回避することが可能になります。これは、企業が1か月単位の変形労働時間制を採用する上での最大のメリットということができます。

　このように、事前に繁閑に応じた労働時間の管理を計画的に設定しておくことで、ムダな賃金支払をカットできるとともに、事業の繁閑に合わせて適切な人材を確保することにもつながるため、効率的に事業運営を展開することが可能です。

■ 1か月単位の変形労働時間制の例 ……………………………………

対象期間	労働時間
1週目	36時間
2週目	34時間
3週目	42時間
4週目	42時間
4週間	154時間

3週目と4週目は法定労働時間をオーバーしているが、4週間の労働時間の合計が160時間（40時間×4週）以下なので時間外労働とはならない

● 1か月単位の変形労働時間制の運用方法

　1か月単位の変形労働時間制の変形期間（対象期間ともいいます）は1か月以下であればよく、1か月に限定されるわけではないので、「4週間」「3週間」といった変形期間であってもかまいません。もっとも、労働者の労働時間管理を月単位で管理している企業が多いため、実際には変形期間を1か月に設定している企業が多いといえます。

　変形期間における法定労働時間の総枠は「1週間の法定労働時間×変形期間の日数÷7」という計算式によって求めます。

　たとえば、変形期間を1か月としている事業所で、1週の法定労働時間が40時間（特例措置対象事業場は44時間）とします。

　この場合、1か月が30日の月の法定労働時間の総枠は171.4時間（＝40時間×30日÷7）です（特例措置対象事業場は188.5時間）。1か月が31日の月の場合は、総枠が177.1時間（＝40時間×31日÷7、特例措置事業対象事業場は194.8時間）、1か月が28日の月の場合は、総枠が160時間（＝40時間×28日÷7、特例措置対象事業場は176時間）となります。

● 1か月単位の変形労働時間制を採用する上での注意点

　1か月単位の変形労働時間制を採用することで、企業にとってはムダな時間外労働を削減できるため、効率的な事業運営が可能になるというメリットがあることは、すでに見てきたとおりです。企業が1か月単位の変形労働時間制を採用して、そのメリットを受けるためには、事前に変形期間における所定労働時間を具体的に特定しておかなければなりません。所定労働時間の配分があまりにも不定期な形態になってしまうと、労働者が日々発生する労働時間の変遷について、あらかじめ見積もることができず、場合によっては労働者の生活に影響を与える恐れがあるためです。そのため、各週や各日の所定労働時間について、あらかじめ労使協定や就業規則で具体的に定めておくこと

が要求されます。使用者が変形期間の起算日（初日）の数日前になってシフト表を新たに作成して労働者に配布する場合や、「事業の都合上、1週間の平均労働時間が35時間以内の範囲で就業させることがある」と定めるだけの場合は、事前に具体的な特定が行われているとはいえません。

　また、変形期間を途中で変更することは原則として許されず（下図参照）、事前に定めておいた各日・各週の所定労働時間について繁閑の予想と実態が異なったとしても、直前で変更することも認められません。ただし、労使協定や就業規則にあらかじめ根拠が示され、労働者側から見て、所定労働時間の変更について予測可能だといえる程度に所定労働時間の変更事由が具体的に定められている場合には、例外的に所定労働時間の変更が許されることもあります。

　以上のように、繁閑の予想が難しく労働時間のシフト表が頻繁に変更される企業では、計画的な労働時間を管理する制度づくりを期待することが難しく、1か月単位の変形労働時間制が十分に機能しない恐れがあることに注意する必要があります。

■ 1か月単位の変形時間労働制における労働時間の変更 ………

【シフト表】

月	火	水	木	金	土	日
1日 ⑦	2日 休日	3日 ⑥	4日 休日	5日 ⑦	6日 ⑥	7日 ⑦
8日 ⑦	9日 休日	10日 ⑥→⑧	11日 休日	12日 ⑦	13日 ⑥→⑧	14日 ⑦
15日 ⑨	16日 休日	17日 ⑩	18日 休日	19日 ⑨	20日 ⑩	21日 ⑨
22日 ⑨	23日 休日	24日 ⑩	25日 休日	26日 ⑨	27日 ⑩	28日 ⑨
29日 ⑧	30日 休日	31日 ⑧	※○内の数字は労働時間を表す			

〔労働時間〕

⇒ **22日間で176時間**

∴週平均40時間に収まる

(例) 10日と13日の労働時間を6時間から8時間などに変更できない

⇒ 変形時間の途中での変更は原則許されない

∴事前に全労働日の労働時間を労働者に通知する

様式第3号の2 (第12条の2の2関係)

1箇月単位の変形労働時間制に関する協定届

事業の種類	事業の名称	事業の所在地 (電話番号)	常時使用する労働者数
衣服・身の回り品の卸売業	株式会社 緑商会	〒141-0000 東京都品川区五反田1-2-3 (03-3321-1123)	15人

業務の種類	該当労働者数 (満18歳未満の者)	変形期間 (起算日)	変形期間中の各日及び各週の労働時間並びに所定休日	協定の有効期間
衣料品、雑貨品の販売	10人 (0人)	1か月 (令和○年4月1日)	別紙	令和○年4月1日から 1年間

	労働時間が最も長い日の労働時間 (満18歳未満の者)	労働時間が最も長い週の労働時間 (満18歳未満の者)
	10時間00分 (　分)	44時間00分 (　分)

協定の成立年月日　令和○年 3月 4日

協定の当事者である労働組合 (事業場の労働者の過半数で組織する労働組合) の名称又は労働者の過半数を代表する者の　職名 営業第1課 (一般職)　氏名 東京 金一

協定の当事者 (労働者の過半数を代表する者の場合) の選出方法 (投票による選挙)

☑(チェックボックスに要チェック) 上記協定の当事者である労働組合が事業場の全ての労働者の過半数で組織する労働組合である又は上記協定の当事者である労働者の過半数を代表する者が事業場の全ての労働者の過半数を代表する者であること。

☑(チェックボックスに要チェック) 上記労働者の過半数を代表する者が、労働基準法第41条第2号に規定する監督又は管理の地位にある者でなく、かつ、同法に規定する協定等をする者を選出することを明らかにして実施される投票、挙手等の方法による手続により選出された者であって使用者の意向に基づき選出されたものでないこと。

令和○年 3月 11日

使用者　職名 株式会社 緑商会 代表取締役
　　　　氏名 鈴木 太郎

品川 労働基準監督署長殿

記載心得

6 1年単位の変形労働時間制について知っておこう

1か月超1年以内の期間を単位として所定労働時間を設定する制度

● どんな制度なのか

　業種によっては、夏に消費者の需要が集中していて、その間は忙しいものの、それを過ぎればグンと仕事量が減ってしまうなど、年単位で繁閑の差が大きく生じる事業があります。このような事業のために、1か月を超え1年以内の期間を単位として、それぞれの事業場の業務形態にあわせた所定労働時間を設定することを可能にしたのが1年単位の変形労働時間制です。つまり、1か月超1年以内の中で設定した対象期間における労働時間の平均が1週間あたり40時間（ただし1日10時間以内、1週52時間以内などの制限があります。175ページ図参照）を超えない範囲で、特定の週や日において法定労働時間（1週40時間、1日8時間）を超えて労働者を労働させることが認められています。そのため、企業の業種に応じて、比較的自由な労働時間の管理を認めるための制度だといえます。

　なお、週40時間の法定労働時間については、特例措置対象事業場では週44時間による運用が認められていますが、1年単位の変形労働時間制を採用する場合は、この特例が適用されませんので注意しましょう。

● 1年単位の変形労働時間制を採用するための要件

　事業場の労働者の過半数で組織する労働組合（労働組合がない場合は過半数代表者）との間で締結する労使協定で、一定の事項を定めなければなりません。さらに、締結した労使協定は事業場の住所地を管轄する労働基準監督署に提出する必要があります。1年単位の変形時間労働制は、労働時間が変形する期間が長期間に及ぶため、就業規則

で定めるだけでは、この制度を採用することができません。必ず労使協定の締結・届出をしなければならないことに注意が必要です。届出の際には、1年単位の変形労働時間制に関する協定届（178ページ）に、変形する期間中の労働時間や休日に関する事項などについて記載の上で、届け出ることになります。

　なお、常時10人以上の労働者が従事する事業場においては、就業規則に1年単位の変形労働時間制を採用することを明記するとともに、労働基準監督署に就業規則の作成・変更の届出が必要になります。

　労使協定で定める事項としては、以下のものがあります。

① 対象労働者の範囲

② 対象期間

③ 特定期間

④ 対象期間における労働日と労働日ごとの労働時間

⑤ 対象期間の起算日

⑥ 労使協定の有効期間

　①の対象労働者の範囲に制限はありません。ただし、対象期間の途中で退職した労働者については、変形労働時間制が採用される対象期間中に、その労働者が実際に労働に従事した時間に基づき、週平均の労働時間がどの程度になるかを計算する必要があります（177ページ図参照）。そして、労働時間を計算した結果、週の平均労働時間が40時間を超えている場合には、割増賃金を支払わなければならないことに注意が必要です。これに対し、週平均の労働時間が40時間に満たない場合に、それに応じて賃金を差し引くことは認められません。また、対象期間の途中で入社した労働者についても、割増賃金の支払いが必要になる場合があります。

　②の対象期間は1か月を超え1年以内の期間になります。事業場の事情にあわせて、たとえば、3か月、10か月、120日といった期間を自由に設定することができます。

③の特定期間は、対象期間の中で特に業務が忙しくなる期間のことです。ただし、対象期間中のすべての期間を特定期間として扱うという運用は認められていません。

　④については、労使協定で対象期間のすべての日の労働時間をあらかじめ定めるのが原則です。ただし、対象期間を1か月以上の期間ごとに区分する場合は、ⓐ最初の期間（対象期間の初日の属する期間）の労働日と労働日ごとの労働時間、ⓑ最初の期間以外の各期間における労働日数と総労働時間を定めれば十分です。

　なお、最初の期間を除く各期間については、各期間の初日の少なくとも30日前に、事業場の過半数組合（過半数組合がない場合は過半数代表者）の同意を得て、各期間の労働日と労働日ごとの労働時間を書面で特定する必要があります。対象期間が長く、事前に先々の業務の繁閑の程度を予測できない場合は、3か月以上の期間で区切って、最初の期間の所定労働日ごとに労働時間を決め、残りの期間については労働日と総労働時間を定めておくという方法も許されます。

◉ 労働時間には上限がある

　1年単位の変形労働時間制には、対象期間中の労働日数と労働時間について上限があります。労働日数については、対象期間が3か月を超えるときは、1年あたり280日が限度となります（3か月以内のときの日数の限度は設けていません）。

■ 1年単位の変形労働時間制 ……………………………………………

● 1年単位の場合の労働日数・労働時間の総枠（3か月超〜1年未満）

　280日 × 対象期間の日数 ÷ 365

　1日10時間以内、1週52時間以内、連続6日間（原則）

労働時間については、対象期間の長さに関係なく、１日あたり10時間、１週あたり52時間が限度になります。また、対象期間において連続して労働させることができる日数は６日が限度です。ただし、特定期間は１週間に１日の休日が確保できれば、原則として、最長で連続12日間労働させることができます。

　以上のような労働時間の上限を超える労働は時間外労働（または休日労働）となりますので、割増賃金を支払う必要があります。①１日単位では労使協定で定めた労働時間（８時間以内を定めた場合は８時間）を超える労働時間、②１週単位では労使協定で定めた労働時間（40時間以内を定めた場合は40時間）を超える労働時間、③対象期間全体では平均して１週40時間の範囲内（法定労働時間総枠）を超える労働時間が、それぞれ時間外労働となります。

● １年単位の変形労働時間制を採用するメリット

　労働時間を効率的に活用できるようになり、同時に労働時間の短縮も図ることができることがメリットとして挙げられます。

　つまり、年間を通じて、繁忙期と閑散期が明確に分かれるような業種において、所定労働時間を時期によって変更することにより、特に閑散期におけるムダな人件費を削減できるとともに、事前に予測される繁忙期においても、時間外労働として割増賃金の支払いが必要になる場面を限定することが可能になります。

　特に業種の特色としてシーズンが影響する事業場において、１年単位の変形労働時間制は特に機能すると考えられます。たとえば、スキー場のように夏場は明らかな閑散期である一方、冬場のスキーシーズンを迎えた時期は極端に繁忙期が集中しているような事業について、１年単位の変形労働時間制が機能することが期待されています。他にもリゾートホテルなどでの導入が想定されています。

● １年単位の変形労働時間制を採用する上での注意点

　１年単位の変形労働時間制を採用する際には、過半数組合（ない場合は過半数代表者）との労使協定の締結と、労働基準監督署への届出などの手続が必要です。また、対象期間を１か月以上の期間ごとに区分する場合は、当該期間の初日の30日前までに、過半数組合（ない場合は過半数代表者）の同意を得た上で、シフト表などの書面を作成し、労働日と労働日ごとの労働時間を労働者に示さなければなりません。

　さらに、対象期間中に生じた退職者や入社者は、労働時間の計算方法が複雑となり、割増賃金の支払の要否について注意が必要になることは、前述したとおりです（下図）。また、１年間の繁閑期をはじめとする、事業のだいたいのスケジュールが固定しているような業種では、比較的容易に１年単位の変形労働時間制を採用することが可能で、企業にとってメリットの多いシステムであるということがいえます。

　しかし、年間を通じて繁閑期の予測が難しく、頻繁に労働者のシフトが変更になる業種においては、１年単位の変形労働時間制を採用することが、必ずしも容易ではなく、かえって企業にとって負担になる場合も考えられるため、制度の導入には慎重な検討が必要になります。

■ 途中入社・退職者と１年単位の変形労働時間制 ･･･････････････

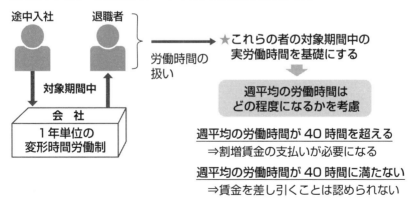

様式第4号（第12条の4第6項関係）

1年単位の変形労働時間制に関する協定届

事業の種類	事業の名称	事業の所在地（電話番号）	常時使用する労働者数
○○自動車製造業	○○自動車工業株式会社 ○○工場	○○市○○町4-3-2 電話○○○-○○○○	120 人

該当労働者数（満18歳未満の者）	対象期間及び特定期間（起算日）	対象期間中の各日及び各週の労働時間並びに所定休日	協定の有効期間
（ 30 ）人 (人)	1年間（令和○年4月1日） 特定期間：令和○年12月1日～12月31日	（別紙）	令和○年4月1日 から1年間

	対象期間（起算日）	労働時間が最も長い週の労働時間数	対象期間中の1週間の平均労働時間数
労働時間が最も長い日の労働時間数（満18歳未満の者）	9 時間00分 (時間 分)	49 時間00分 (時間 分)	38 時間 30 分

	労働時間が最も長い週の労働時間数（満18歳未満の者）	対象期間中の総労働日数	対象期間中の最も長い連続労働日数
労働時間が48時間を超える週の最長連続週数	3 週	3 週	269 日	6 日間

	特定期間中の最も長い連続労働日数	
労働時間が48時間を超える週数	10 日間	

		旧協定の対象期間中の1日の労働時間が最も長い日の労働時間数	旧協定の対象期間中の総労働日数
旧協定の労働時間が最も長い週の労働時間数	旧協定の対象期間中の労働時間が最も長い週の労働時間数	9 時間00分	270 日

協定の成立年月日	令和○年 ○ 月 ○ 日

協定の当事者である労働組合（事業場の労働者の過半数で組織する労働組合）の名称又は労働者の過半数を代表する者の　職名 各務部長（仮称）　氏名 ○○○○

協定の当事者（労働者の過半数を代表する者の場合）の選出方法（　投票による選挙　）

☑（チェックボックスに要チェック）

上記協定の当事者である労働組合が事業場の全ての労働者の過半数で組織する労働組合である又は上記協定の当事者である労働者の過半数を代表する者が事業場の全ての労働者の過半数を代表する者であること。☑（チェックボックスに要チェック）

上記労働者の過半数を代表する者が、労働基準法第41条第2号に規定する監督又は管理の地位にある者でなく、かつ、同法に規定する協定等をする者を選出することを明らかにして実施される投票、挙手等の方法による手続により選出された者であつて使用者の意向に基づき選出されたものでないこと。☑（チェックボックスに要チェック）

令和○年 ○ 月 ○ 日

使用者　職名 工場長　氏名 ×　×　×

○○労働基準監督署長殿

1週間単位の非定型的変形労働時間制について知っておこう

1週間の所定労働時間が法定労働時間内に収まればよい

● どんな制度なのか

　旅館や料理店、行楽地にある売店などのように、日ごとに繁閑の大きな差があり、就業規則などで各日の労働時間を特定することが困難な事業の場合、1週間を単位として所定労働時間を調整できるとした方が効率的です。そこで、小売業など接客を伴う常時30人未満の限定された事業場では、1週間の所定労働時間が40時間以内（特例措置対象事業場も同じです）であれば、1日の労働時間を10時間まで延長することができます。この制度が1週間単位の非定型的変形労働時間制です。注意が必要なのは常時30人未満の「常時」とは、従業員が常勤であることを要求しているわけではありません。平常時における従業員が30人未満であればよく、たとえば、従業員の人数が、一時的に32人になってしまったとしても、それが常態化しているのでなければ、1週間の非定型的変形労働制を採用することは可能です。

　1週間単位の非定型的変形労働時間制を採用することで、1日あたり10時間、1週間あたり40時間の枠組みの中で、比較的自由に労働時間の設定することが可能になります。

　ただし、1週間単位の非定型的変形労働時間制を採用できるのは、小売業、旅館、料理店、飲食店の事業のうち常時30人未満の労働者を使用する事業場に限定されます。これは他の変形労働時間制には見られない特徴です。1週間単位の非定型的変形労働時間制は、日によって繁閑の差が大きい地方の小規模事業者を想定して設計された変形時間労働制だといえます。

◉ 1週間単位の非定型的変形労働時間制を採用するための要件

　1週間単位の非定型的変形労働時間制を採用するためには、以下の①②の事項について、事業場の労働者の過半数で組織する労働組合（そのような労働組合がない場合は過半数代表者）との間で労使協定を締結し、事業場の住所地を管轄する労働基準監督署に届け出る必要があります。届出の際には、1週間単位の非定型的変形労働時間制に関する協定届に、変形労働時間制の対象の労働者数、その労働者の1週間の所定労働時間数や変形期間を記載の上で、届出を行います。

① 　1週間の所定労働時間を40時間以内で定める
② 　1週間に40時間を超えて労働した場合には割増賃金を支払うこと

◉ 時間外労働はどのように判断するのか

　1週間単位の非定型的変形労働時間制においては、1日あたりの労働時間を10時間以内で定めなければなりません。そのため、Aの労働時間が10時間を超えた日には、たとえ1週間の労働時間の合計が40時間以内に収まっていても、この飲食店は、Aに対して、割増賃金を支払うことが必要です。

　1週間単位の非定型的変形労働時間制は、1週間の中で比較的自由に労働時間のやりくりができる制度ですが、日ごとの労働時間の上限（10時間以内）が決まっていることから、割増賃金の支払いが必要になるケースがあることに注意する必要があります。

◉ 採用する際の注意点

　1週間単位の非定型的変形労働時間制においては、1週間単位で労働時間を設定する必要があるため、変形期間の開始前（対象の週が始まる前の週の週末まで）に、労働者に書面で各日の労働時間を通知しなければなりません。

　そして、変形期間の開始後に設定した労働時間を変更する必要性が

生じたとしても、労働者の予定を狂わせる恐れがあるため、原則として変更は認められません。どうしても変更せざるを得ない事情がある場合には、その前日までに労働者に対して通知する必要があります。

このように、1週間単位の非定型的変形労働時間制は、事前に労使協定を結ぶ必要がある他、書面での各日の労働時間の通知が毎週必要になることから、小規模事業者には手間がかかる制度といえます。そのため、実際にはあまり活用されていません。

また、1週間単位の非定型的変形労働時間制は、従業員数30人未満の零細事業者を想定した制度ですが、より小規模な事業場、つまり従業員数が常時10人未満の事業場については、特例措置対象事業場として扱われる場合があります。その場合は、1週間の労働時間を44時間まで伸ばしても、法定労働時間の範囲内として扱われ、時間外労働として割増賃金の支払いが不要になります。あえて煩わしい手続を行って、1週間単位の非定型的変形労働時間制を採用するよりも、1週44時間の特例措置の中で労働時間をやりくりする零細事業場（特例措置対象事業場）も多いことから、1週間単位の非定型的変形労働時間制はあまり利用が進んでいないという実態があります。

■ 1週間単位の非定型的変形労働時間制 ·····························

● 1週間単位の非定型的変形労働時間制を採用するための要件

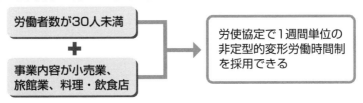

● 1週間単位の非定型的変形労働時間制の例

	日	月	火	水	木	金	土	合計
第1週	6	4	4	定休日	6	10	10	40
第2週	定休日	5	4	6	7	9	9	40

8 フレックスタイム制について知っておこう

就業規則などに制度を定めて、労使協定を結ぶ

● 始業と終業の時刻を選択できる

　労働者が自分で出退勤の時刻を決めることが適しているような事業について有効な制度がフレックスタイム制です。フレックスタイム制は、3か月以内の一定の期間（清算期間といいます）内の総労働時間を定めておいて、労働者がその範囲内で各日の始業と終業の時刻を選択することができる制度です。

　平成30年（2018年）の労働基準法改正で、フレックスタイム制の清算期間の上限が1か月から3か月に延長されました。1か月から3か月に延長されることによって、労働者にとって、より柔軟な勤務体系を可能にする制度になることが期待されています。

　フレックスタイム制が、いくら比較的自由に労働時間のやりくりを行うことができるといっても、1か月以内という短期間を単位として決められた労働時間分の労働に満たないと賃金がカットされることもあるため、労働者の裁量の範囲は制限されていました。しかし、清算期間が3か月に延長されると、ある特定の月において、労働者の事情により、十分に労働に従事できない場合であっても、他の月にその分の労働時間を振り分けることで、より幅広い裁量の下で、労働者が仕事をこなしていくことが可能になるという効果が期待されています。

● コアタイムを設定する場合

　フレックスタイム制を導入する場合、事業場の労働者全員が必ず労働すべき時間帯を設けるのが一般的です。この時間帯をコアタイムといいます（次ページ図）。

もっとも、コアタイムを設定しない形でフレックスタイム制を採用することも可能です。また、コアタイムの上限時間もありませんが、コアタイムを定める場合には、必ず労使協定で定める必要があります。

　一方、コアタイムの前後の一定の範囲で、労働者が自由に始業時刻と終業時刻を選択できる時間帯をフレキシブルタイムといいます。フレキシブルタイムの中では、労働者は自由に始業・終業を決定できますが、労働者の健康面からも深夜に労働をさせることは好ましくないため、終業時刻を22時程度に設定している企業が多いのが実情です。

● 割増賃金の支払義務が生じる場合

　フレックスタイム制を採用した場合、割増賃金の支払義務が生じるかどうかは、清算期間が1か月以内であるか、それとも1か月超であるかで取扱いが異なります。

① 清算期間が1か月以内の場合

　清算期間を平均して1週間あたりの労働時間が週40時間（特例措置対象事業場は週44時間）の法定労働時間の枠を超えなければ、1週間または1日の法定労働時間を超えて労働させても割増賃金を支払う必要はありません。しかし、法定労働時間の枠を超過して働いている労働者には、超過分について割増賃金を支払う必要があります。

■ フレックスタイム制度の例 ･･････････････････････････････

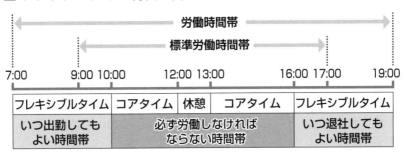

② **清算期間が 1 か月超の場合**

次の 2 つの要件を満たす範囲内であれば、 1 週間または 1 日の法定労働時間を超えて労働させても割増賃金を支払う必要はありません。

ⓐ 清算期間を平均して 1 週間あたりの労働時間が法定労働時間の枠を超えないこと。

ⓑ 清算期間を 1 か月ごとに区分した各期間（最後に 1 か月に満たない期間が生じた場合はその期間）を平均して 1 週間あたりの労働時間が50時間以下であること。

これに対し、ⓐⓑの枠のどちらか一方でも超過して働いている労働者には、その超過分について割増賃金を支払う必要があります。

たとえば、清算期間を 1 か月半とするフレックスタイム制を導入した場合には、ⓐ 1 か月半を平均した週労働時間が40時間以内、ⓑ「1 か月」「半月」の各期間を平均した週労働時間がともに50時間以内、という双方の要件を満たすときに限り、割増賃金を支払う必要がなくなります。

特定の期間に労働時間が偏ることのないように、清算期間が 1 か月を超えるときは、ⓑの枠を追加して設けているといえます。

● 総労働時間と賃金支払いの関係

フレックスタイム制を採用するときは、清算期間における「総労働時間」（労使協定で定めた総枠）を定めます。

そして、清算期間における実際の労働時間が総労働時間を上回っていた場合、過剰した部分の賃金は、その期間の賃金支払日に支払わなければなりません。支払いを翌月に繰り越すことは賃金の全額払いの原則に反する違法行為になります。

逆に、清算期間における実際の労働時間が総労働時間を下回っていた場合、その期間の賃金を支払った上で、不足している労働時間を次の期間に繰り越す（不足分を加えた翌月の総労働時間が法定労働時間の枠の範囲内であることが必要）こともできますし、その期間内で不足

している労働時間分に相当する賃金をカットして支払うこともできます。

● 導入する場合の注意点

　フレックスタイム制を導入する場合には、事業場の過半数組合（ない場合は過半数代表者）との間の労使協定で、①フレックスタイム制が適用される労働者の範囲、②清算期間（3か月以内）、③清算期間内の総労働時間、④標準となる1日の労働時間、⑤コアタイムを定める場合はその時間帯、⑥フレキシブルタイムを定める場合はその時間帯、について定めておくことが必要です。労使協定（フレックスタイム制度についての協定）では、清算期間が1か月として定められた例を掲載しています。③の総労働時間については、清算期間を平均して1週の法定労働時間（原則40時間、特例措置対象事業場は44時間）を超えないように設定することが必要です。たとえば、労使協定では、1日の標準労働時間を8時間と定めた上で、これに就業日数を乗じた時間を総労働時間とすることが明記されています。

　また、締結された労使協定の届出については、清算期間が1か月以内の場合は不要です。しかし、平成30年（2018年）の労働基準法改正で導入された清算期間が1か月超の場合は、労働基準監督署への届出が必要です。

■ 総労働時間と賃金との関係 ……………………………………

【フレックスタイム制】
　　　⇒ 労使協定により清算期間内の　総労働時間の枠組み　の設定が必要

実労働時間

労働者

総労働時間を超えていた場合
⇒使用者は割増賃金を支払わなければならない
　※超過部分の賃金は翌月に繰り越すことはできない

総労働時間に満たなかった場合
⇒翌月に清算することや、不足分の賃金カットが可能

フレックスタイム制度についての協定

　新栄出版株式会社（以下「会社」という）と同社労働者の過半数を代表する○○○○は労働者のフレックスタイム制度に関して、下記のとおり協定する。

1　フレックスタイム制度の適用者は、総合職労働者とする。
2　フレックスタイム制度の適用対象は、平日における06：00 ～ 19：00とする。平日における上記以外の時間帯（00：00 ～ 06：00、19：00 ～ 24：00）および休日は、フレックスタイム制度の適用対象外とする。
3　就業時間を下記のとおり「コアタイム」と「フレキシブルタイム」に区分する。
⑴　コアタイムは特段の事情のない限り、原則として全員が就業すべき時間帯をいう。

就業時間	10：00 ～ 15：00まで
休憩時間	12：00より13：00まで （一斉休憩時間とし、実働時間に算入しない）

⑵　フレキシブルタイムはコアタイム前後の時間帯であり、各人の始業・終業時刻は次の所定の時間帯の中から本人が選択できる。但し、予定出退勤時刻は、事前に各所属長に申し出るものとする。

始業時間帯	6 ：00より10：00まで
終業時間帯	15：00より19：00まで

(3)　フレックスタイム制度の適用者においては、8：00〜17：00
　　の8時間（通常勤務形態の所定勤務時間）を標準労働時間と呼称
　　する。

4　フレックスタイム制度の適用者の勤務時間の清算期間は、毎月1
　日から当該月末日までの1か月間とする。清算期間における総労働
　時間は、1日の標準労働時間（8時間）に各月の就業日数を乗じた
　数を総労働時間とする。

5　休日に勤務した場合および平日のフレックスタイム制度の適用対
　象外の時間帯に勤務した場合は、フレックス労働時間（フレックス
　タイム適用対象時間帯の実労働時間）の累計とは切り離し、勤務し
　た日数および時間数により、時間外勤務、深夜勤務、休日勤務とし
　て現行労働協約によって手当を支給する。

6　(1)　清算期間（1か月）におけるフレックスタイム適用対象時間
　　帯の実労働時間をフレックス労働時間と呼称することとし、その累
　　計時間が第4条の各月の総労働時間を超過した場合（フレックス時
　　間外数）については、所定の時間外手当を支給する。

　(2)　フレックス労働時間の累計が総労働時間に達しなかった場合で
　　あっても、当該月は基準給与を減額せず支給し、その不足時間分
　　を翌月の所定労働時間に加算するものとする。それでもなお不足
　　時間が発生したときは、基準給与を減額する。但し、この不足時
　　間を以て賞与算定の基準とはしない。

7　(1)　年次有給休暇および有給の特別休暇を取得する場合には、休
　　暇取得当日は標準労働時間（8時間）を労働したものとみなし、フ
　　レックス労働時間に算入する。

　(2)　年次有給休暇または有給の特別休暇を半休で取得する場合には、
　　標準労働時間帯（平日8：00〜17：00）内にて、半休を取得す
　　るものとし、4時間を労働したものとみなし、フレックス労働時
　　間に算入する。

⑶　代休は、フレックスタイム制度の適用者については、原則として認めない。

8　出張中に就業した時間はフレックス労働時間とする。出張中の標準労働時間帯（平日8：00 ～ 17：00）内の移動時間は、フレックス労働時間とし、標準労働時間帯外の移動時間はフレックス労働時間としない。

9　出退勤時刻がコアタイム内となる場合には、事前に所属長に書面をもって届け出るものとする。

令和○年○月○日

株式会社　　○○○○
代表取締役　　○○○○　㊞

従業員代表　　○○○○　㊞

様式第3号の3（第12条の3第2項関係）

清算期間が1箇月を超えるフレックスタイム制に関する協定届

事業の種類	事業の名称	事業の所在地（電話番号）	常時雇用する労働者数	協定の有効期間
出版業	新栄出版株式会社	（〒000-XXXX）豊島区東池袋○-○-○ （電話番号：03-○○○○-XXXX）	20人	令和○年4月1日～ 令和○年3月31日

業務の種類	該当労働者数	清算期間（起算日）	清算期間における総労働時間
総合職	5人	3箇月 （4月1日、7月1日、10月1日、1月1日）	8時間×所定労働時間

標準となる1日の労働時間	コアタイム	フレキシブルタイム
8時間	午前10時～午後2時 （休憩時間は午前11時～午後1時の間で1時間）	総務部（一般職） 午前7時～午前10時 午後2時～午後10時

協定の当事者である労働組合（事業場の労働者の過半数で組織する労働組合）の名称又は労働者の過半数を代表する者の　職名　総務部（一般職）　氏名　黒川○○

協定の当事者（労働者の過半数を代表する者の場合）の選出方法（**投票による選出**）

協定の成立年月日　令和○　年　3　月　20　日

使用者　職名　代表取締役　氏名　新栄出版株式会社　○○○○

令和○　年　4　月　1　日

池袋　　　　　　労働基準監督署長殿

【左欄（記載心得）】

記載心得

上記協定の当事者である労働組合が事業場の全ての労働者の過半数で組織する労働組合である又は上記協定の当事者である労働者の過半数を代表する者が事業場の全ての労働者の過半数を代表する者であること。☑（チェックボックスに要チェック）

上記労働者の過半数を代表する者が、労働基準法第41条第2号に規定する監督又は管理の地位にある者でなく、かつ、同法に規定する協定等をする者を選出することを明らかにして実施される投票、挙手等の方法による手続により選出された者であつて使用者の意向に基づき選出されたものでないこと。☑（チェックボックスに要チェック）

朝活と割増賃金の関係

　近年、就業前の早朝から朝にかけて業務に取り組む「朝活」を行う会社員が増えています。朝活のメリットとしては、まず、取引先などの始業前に業務を始めるため、電話やメール対応で中断されることなく自分の仕事に集中できる点が挙げられます。また、健康面のメリットとして、朝活をすることによって早寝早起きの規則的な生活を送ることができることや、朝の日光は脳を活性化するホルモン分泌につながるため、仕事に集中でき作業効率がアップするという点が挙げられます。

　このようなメリットから注目されている朝活ですが、会社側としては、朝活にも残業代が発生しうる、という点に注意が必要です。一般的に、残業は、終業時刻以降に会社に残って働くものというイメージが強いですが、始業時刻前に出社して業務を行った場合も残業に該当します。

　労働基準法上、所定労働時間を超える労働に対しては残業代の支払が必要となり、法定労働時間（１日８時間、１週40時間）を超えた労働に対しては割増賃金の支払義務が発生することになっています。そのため、始業時刻前であろうが終業時刻後であろうが、所定労働時間を超えて労働を行った労働者に対しては、使用者に残業代の支払義務が生じます。さらに、22時から翌日５時の間の労働は深夜労働に該当し、賃金の割増率がアップする点にも注意が必要です。残業代が支払われない場合は労働基準法違反となり、使用者は、６か月以下の懲役または30万円以下の罰金という罰則に処せられる可能性があります。したがって、企業が朝活制度を導入する場合は、自社の所定労働時間や割増賃金の計算法を再確認し、適切な時間管理を行う必要があります。

　なお、労働基準法における労働時間とは「使用者の指揮命令下に置かれている時間」をいうため、朝活であっても、明確に労働者の自主性が認められる場合には労働時間にあたらず、残業代は発生しません。

第5章

休職・休業のしくみ

休職・休業とはどのような制度なのかを知っておこう

一定期間の労働義務を免除する処分のことである

● 休職と休業は違う

休職とは、労働者に労務提供を不適当または不能とする事由がある場合に、使用者が労働契約を維持した状態のまま、業務に就くことを免除または禁止することをいいます。これに対して、休業とは、労働基準法をはじめとする法律の規定に基づき、業務に就くことを免除または禁止することを指します。一般的には、法律の規定以外の事由によって、長期間にわたり会社を休むことを休職と呼んでいます。

休職を分類すると、①使用者側の命令によるもの、②労働者側の申出によるもの、③それ以外の事情によるものがあります。③の例としては、大震災や水害によるやむを得ない休職など、双方の責任によるものとはいいがたい事情によって休職する場合があります。

● 労働者側の事情による休職・休業

労働者側の申出によるものとしては、産前産後休業、育児休業、介護休業など法律に定められた休業と、労働者個人の私的な事情による休職があります。企業内の休職制度の導入は、休職が法律の根拠に基づくものでないことから、企業が人事管理のために比較的自由に創設することができます。つまり、休職制度を設けるかどうかも含めて企業が自由に決めることができます。そのため、休職制度を設ける際には、どのような種類の休職制度を導入するか、休職中の待遇をどうするか、などを企業内で慎重に議論をする必要があります。

労働者側が自らの事情で休職を申し出る場合、その事由には次のようなものがあります。

① 私傷病による休職

業務外の原因によって病気を発症したり、ケガをしたりして長期間の休みを要する場合の休職です。

② 私事による休職

海外留学をした、実家の家業を手伝うなどの家庭の事情がある、議員などの公職に就任した、組合専従になった、などの事由で、労務の提供が不能になった場合の休職です。

● 労働者側の事情以外の事情による休職・休業

労働者側の事情以外の事情によるものとしては、①労働災害による休業、②業務の停止による休業（経営上の事情による操業停止など）、③業務命令による休職があります。③の休職は、出向・研修などを命じる場合（出向休職）、就業規則違反をした者に懲戒を加える場合（懲戒休職）、刑事事件を起こして起訴された場合（起訴休職）などがあります。

● 休職後の取扱いについて

休職期間中に休職事由がなくなれば、休職は終了して職場復帰となります。また、休職期間が満了したときも職場復帰となります。いずれの場合も企業は理由なく復職を拒むことはできません。

復職をめぐっては労使間のトラブルが多いことから、休職事由消滅の際の取扱い、休職期間満了後の取扱い（復職手続き、休職期間の延長、退職や解雇の要件など）は、就業規則や私傷病休職取扱規程などで明確にしておくことが望ましいといえます。最近では、精神疾患者の私傷病休職を考慮した規定が重視されています。その他、復職を支援するプログラムを整備する企業もあります。

私傷病休職取扱規程

第1条（目的）　本規程は、「就業規則」第○条（休職）のうち、私傷病により休職しようとする従業員につき、休職が認められる要件ならびに手続上の遵守事項等につき必要な事項を定めるものである。

2　本規程に定めのない事項につき個別の雇用契約に定めがある場合には、その定めるところによる。

第2条（本規程の適用範囲）　本規程の適用対象は、私傷病を原因とする欠勤が1か月に及び、休職を必要とする従業員とする。

第3条（休職者）　従業員が業務外の傷病により欠勤し、1か月を経過しても治らない場合、会社は従業員からの申請に基づき休職を命じることができる。ただし、本規程第6条（休職期間）に定める休職期間中に治癒（回復）の見込みがないと認める場合、会社は休職を命じないことがある。

第4条（休職の要否判断）　会社は前条における休職の要否を判断するにあたり、従業員からその健康状態を記した診断書の提出を受ける他、会社の指定する産業医もしくは専門医の意見を聴き、これらの意見に基づき要否の判断を行うものとする。

2　休職制度の適用を希望する者は、前項の判断を行うにあたり会社が必要と認める場合、会社に対して主治医宛の医療情報開示同意書を提出するものとする。

第5条（休職発令時の調査）　従業員は、会社が前条の検討を行う目的で、その主治医、家族等の関係者から必要な意見聴取等を行おうとする場合には、会社がこれらの者と連絡をとることに同意する等、必要な協力をしなければならない。

2　従業員が、前項で定める必要な協力に応じない場合、会社は休職を発令しない。

第6条（休職期間） 会社が本規程に基づき従業員を休職させる場合、休職期間は以下のとおりとする。

勤続年数が3年未満	なし
勤続年数が3年以上10年未満	3か月
勤続年数が10年以上	6か月

2　復職後、同一または類似の事由による休職の中断期間が3か月未満の場合は前後の休職期間を通算し、連続しているものとみなす。また、症状再発の場合は、再発後の期間を休職期間に通算する。休職期間が満了しても休職事由が消滅しない場合には、休職期間が満了する日の翌日をもって退職とする。

第7条（休職期間中の待遇、報告義務等） 休職期間中の賃金は無給とする。

2　休職期間は、退職金の算定期間における勤続期間に通算しないものとする。ただし、年次有給休暇の付与に関する勤続期間については通算するものとする。

3　休職期間中の健康保険料（介護保険料を含む）、厚生年金保険料、住民税等であって従業員の負担分については、指定期限までに会社に支払わなければならない。

4　本規程に基づき休職する従業員は、休職期間中主治医の診断に従い療養回復に努めるとともに、原則として毎月、治療の状況、休職の必要性等について、これを証する診断書等を添えて会社に報告しなければならない。

5　診断書作成費用等は、会社による別段の指示がない限り、従業員本人の負担とする。本規程第3条（休職者）の休職申請ならびに次条以降の復職申請においても同様とする。

第8条（復　職） 会社は休職中の従業員の申請に基づき、休職事由が消滅したと認められた場合には、当該従業員を旧職務に復帰させることとする。ただし、やむを得ない事情がある場合には、旧職務

と異なる職務に配置することがある。

2　復職後の職務内容、労働条件その他待遇等に関しては、休職の直前を基準とする。ただし、回復の状態により、復職時に休職前と同程度の質・量・密度、責任の度合いの業務に服することが不可能で、業務の軽減等の措置をとる場合には、その状況に応じた降格・賃金の減額等の調整をなすことがある。

第9条（復職申請と調査）　本制度により休職した従業員が復職しようとする場合、所定の復職申請書と医師の診断書を提出しなければならない。

2　前項に基づく復職申請があった場合、会社は復職の可否を判断するため、必要に応じ、従業員に対し主治医宛の医療情報開示同意書の提出を求め、または会社の指定する医療機関での受診を命じることができる。

第10条（復職の判定）　会社は前条の調査により得られた情報をもとに専門医から意見を聴き、復職の可否および復職時の業務軽減措置等の要否・内容について決定するものとする。

第11条（欠勤期間の中断）　欠勤中の従業員が出勤を開始する場合、連続6勤務日以上の正常勤務（正常勤務とは1日の勤務時間が7時間以上をいう）をしない場合は欠勤期間は中断されないものとし、正常出勤期間を除き前後を通算する。

第12条（リハビリ出勤制度）　会社は、指定する医師の判断により休職中の従業員に対しリハビリ勤務を認めることが復職可否の判断に有益と認められる場合、休職者の申請に基づき、リハビリ出勤を認めることがある。

2　前項のリハビリ出勤は、復職可否の判定のために上記医師の指示の下に試行されるものとし、休職期間に通算する。

第13条（リハビリ出勤中の賃金等）　前条に定めるリハビリ出勤中の賃金については、休職前の賃金によらず、その就労実態に応じて無

給ないし時間給とし、その都度会社の定めるところによる。

第14条（復職後の責務等） 復職した従業員は、職場復帰後も、健康回復の状態、仕事の状況、職場の人間関係等について、所属長、健康管理スタッフ等に必要な報告を怠ってはならない。

2 復職した従業員は、復職後も治療を続ける場合は、服薬等について主治医の指示に従い、回復に努めるものとする。

附 則

1 この規程は、令和○年○月○日に制定し、同日実施する。

2 この規程を制定・改廃する場合は、従業員の過半数代表者の意見を聴いて行う。

（制定・改廃記録）

制定 令和○年○月○日

Q 私傷病休職の取得を検討しているのですが、どんなことに注意すればよいでしょうか。

A 私傷病休職とは、業務外の事情による傷病（病気やケガ）によって労働者が働けなくなった際に、比較的長期にわたり休職することです。

　私傷病休職制度の目的は、労働者に傷病の治療の機会を与え、労働者が職を失わないようにするという点にあります。まずは、以下のようなポイントについて、確認するとよいでしょう。

① 　休職制度の対象者が正社員に限られているか

② 　1年以上などの継続勤務者に対象者が限られているか

③ 　休職期間中の賃金は支払われないか

④ 　休職期間中は賞与や退職金の算定期間の対象とされるか

⑤ 　復職後に再発して休職した場合、休職期間は通算されるか

　⑤で記載した休職期間の通算とは、「最初の休職→職場復帰→二度目の休職」という流れで労働者が休職した際に、最初の休職と二度目の休職を合算することをいいます（次ページ図参照）。「休職期間は1か月とする」という規定になっている場合、最初の休職と二度目の休職を合算しなければ、労働者は合計2か月間休職できることになります。しかし、そのような取得によって休職期間があまりに長期となるのを防ぐため、同一の休職事由による休職については、複数の休職期間を合算することが定められているケースが多いようです（195ページの第6条第2項を参照）。

　また、私傷病休職を取得する際には、「復職の際に医師の診断書が必要である」「復職の可否については最終的には会社が判断する」など、復職するための条件も知っておく必要があります。

　さらに、会社が私傷病休職を認めて休職辞令を発したため、労働者が休職する場合における休職期間の取扱いについても把握することが

必要です。主として私傷病休職、退職金、年次有給休暇に関する取扱いが会社ごとに異なります。

●私傷病休職

　私傷病休職を認める期間は勤続期間に応じて決まるのが一般的です（195ページの第6条第1項を参照）。勤続期間を確定する際に休職期間を含めて計算するかどうかは、会社が自由に決めることができます。会社の在籍期間が同じ労働者であっても、休職期間の有無によって、私傷病休職が認められる期間が変わる場合があります。

●退職金

　退職金は、労働者の勤続期間に応じて金額が決まります。退職金の算定基礎になる勤続期間に休職期間を含めるかどうかも、会社が自由に決めることができます。通常は、退職金算定の基礎となる勤続期間に休職期間は含まれません。

●年次有給休暇

　年次有給休暇は、算定対象となる継続勤務期間の8割以上の日数分を出勤することで発生します。私傷病休職による休職期間は、継続勤務期間には含まれますが、出勤日数には含まれません。そのため、休職期間が長期化して継続勤務期間の8割以上の日数分出勤できなければ、年次有給休暇は発生しないことになります。

■ 前の休職と後の休職の通算 ⋯⋯⋯⋯⋯⋯⋯⋯⋯⋯⋯⋯⋯⋯⋯⋯

「同一の休職事由による休職期間は1か月とする」と規定する場合

通算すると

10日休職　　出勤　　20日休職

両方の休職について、合計して30日（1か月）休職できる

Q 休職期間が満了すると、自然に復職扱いになるのでしょうか。また、休職理由である病気などが治癒しなかった場合には、解雇などを行うことが許されますか。

A 休職は労働基準法には特別な定めはなく、一般的に就業規則で定められます。休職理由やその期間も会社が任意に定めることができます。ほとんどの場合、休職理由に応じた休職期間が設定されますので、休職期間満了と同時に復職することになります。しかし、休職理由が私傷病（労災とならない業務外の事情による病気や負傷）の場合は、その治療期間が病状によりまちまちです。場合によっては、治癒しないまま休職期間が満了してしまうことがあります。休職期間が満了した後の取扱いについては、就業規則で定めることになりますが、一般的な運用では自然退職や解雇ということになります。

　ここで気をつけるべきなのは、解雇として扱うときです。労働基準法では、労働者を解雇する際、労働者の帰責事由に基づく行政官庁の認定を受けた解雇（懲戒解雇）の場合を除いて、30日前に予告するか30日分の予告手当を支払うべきとされています。そのため、休職期間満了で復帰できないからといって、懲戒解雇にはできません。

　一方、自然退職の場合は、就業規則にきちんと規定しておけばトラブルは避けられることが多いでしょう。書式の記載例としては、「休職期間満了時までに復職できないときは自然退職とする」といった文面になります。つまり、定年の到来による定年退職と同じように、休職期間満了時の到来により労働契約が当然に終了します。そして、休職期間満了に伴う自然退職については、一般的に自己都合退職として取り扱われています。一方の労働契約終了の申込みに対し、他方がこれを承諾して退職に至るという過程を経ていないため、合意退職には該当しないと考えられています。

　労働者に復職の意思があるにもかかわらず、会社が「まだ治癒して

いない」として復職を認めない場合は、会社として注意する必要があります。「うつ病」などのメンタルヘルス疾患による休職では、復職に関するトラブルが生じることが多くなっています。特に休職期間満了に伴う自然退職の有効性が問題となるケースでは、復職を認めない理由につき、会社側が具体的に立証しなければなりません。

Q 労働者が休職期間中に、その労働者が定年を迎えた場合に、労働契約上はどのような扱いになるのでしょうか。

A 定年は就業規則に定めることによって、その年齢に達した時に労働契約が終了することになります。したがって休職期間中に定年に達した場合は、就業規則の定めるとおりに労働契約が終了することになります。

　注意したいのが、高年齢者雇用安定法に基づく雇用確保措置との関係です。高年齢者雇用安定法では、定年は60歳以上と定めつつも、65歳以上までの雇用確保措置を企業に義務付けています。雇用確保措置の方法として、定年を65歳以上に設定している企業もありますが（定年延長）、多くの企業が60歳定年のまま再雇用または勤務延長するという継続雇用の制度を導入しています。その場合に、休職期間中に定年を迎えた労働者を継続雇用するかが問題となります。継続雇用は原

■ **休職期間をめぐる問題** ・・

休職　　　　　　30日

就業規則に規程があれば、休職期間が終了した時点で退職

30日前に予告するか、30日分の予告手当を支払って退職

則として希望者全員を対象とすることが必要です。定年を迎えた労働者の継続雇用を検討する際、休職中の労働者についてはどうするのかを明確に定めておくことで、トラブルを回避できます。

そのため、定年前に労働者が休職していたからといって、それを理由に継続雇用を拒否することはできません。労働者が希望した場合（ただし、平成25年（2013年）3月31日以前に労使協定を結び、対象者が限定されている場合は例外）には、企業は、その労働者が少なくとも65歳になるまで引き続き雇用し続けなければなりません。

なお、業務上の傷病により休業している場合は、労働基準法により解雇ができませんが、定年は解雇と異なり、労働契約が自動的に終了するものなので、解雇制限の問題は生じません。

 出向している労働者が、出向先でケガを負って休職する場合に、出向元の会社としてはどのような対応が必要になりますか。

 出向している労働者が病気やケガによって休職する場合、出向元の企業は適切な対応をする必要があります。

もともと、出向している労働者は出向元の企業を休職しています。出向先の企業で働くことで、出向元の企業では勤務できなくなるからです。出向している労働者に対して病気やケガを理由に休職を命じる場合には、出向を解除して出向元の企業で私傷病休職の制度を適用する必要があります。

休職中の賃金や有休取得の問題にはどう対処すればよいのか

個々のケースや企業により異なる

● 休職期間中の取り扱いについて

　休職中も労使関係は解消されずに存続しているため、就業規則は原則として適用されることになります。ただ、休職中は労務の提供はなく、労働者側の事情によるものであれば、休職事由も使用者に責任があるわけではありません。したがって、一般的にはノーワーク・ノーペイの原則（欠勤・遅刻・早退といった理由で労働者が労働しなかった時間については、その分の賃金は支払われないという原則）によって休職期間中の賃金を無給とするケースが多いようです。給与の中には、基本給、職務給、職能給、住宅手当、家族手当などがあります。賃金設計は企業の側が決めることができるので、休職期間中にこれらの給与を支払うかどうかは企業の側で決めることができます。

● 有給や退職金などの勤続年数の算定などはどうする

　このように、有給とするか無給とするか、休職期間を勤続年数に算入するかどうかは、個々の休職のケースや企業によって違ってきます。有給休暇を取得できるかという点や、退職金の額は勤続年数によって変わりますが、休職期間を勤続年数に算入するかどうかは企業が決めることができます。

　私傷病休職の場合、本人には、休業４日目より健康保険から１日あたり標準報酬日額の３分の２の傷病手当金が支払われることになります。ここで注意しなければならないのは、傷病手当金と会社から支給される賃金との兼ね合いです。私傷病休職中の期間について会社が１日あたり標準報酬日額の３分の２以上の賃金を支給した場合は、傷病

手当金は不支給となりますが、会社が支払った賃金が3分の2に満た
ない場合には差額が支給されることになります。たとえば、会社側が
休職中の生活を配慮して、標準報酬日額の半分の賃金を支給した場合、
標準報酬日額の3分の2との差額である6分の1だけが傷病手当金と
して支給されます。同様に3分の1だけ賃金を支給した場合は、傷病
手当金は賃金の3分の1に相当する額が支給されます。要は、会社か
ら支給される賃金が通常の3分の2未満である場合、本人の受け取る
総額はほぼ変わらないということです。

● 規定が明確に定められていない場合はどうなる

　休職期間中の給与や賞与について規定が明確に定められていない場
合、休職についての規定を合理的に解釈することで給与や賞与を支払
うべきかどうかが決まります。その際に参考にするのは他の規定です。
たとえば、労働者が欠勤した際の給与についてどうするかについての
規定がある場合には、その規定と整合性があるかどうかの解釈を行う
必要があります。

　また、過去の慣例も参考にします。過去に休職した労働者に給与を
支払っていたかどうかによって、現在休職している労働者に給与を支
払うかどうかを決めます。

■ 傷病手当金の支給期間 ………………………………………

支給開始日

	支給開始日から欠勤日を通算して1年6か月まで				
待期期間 （3日間）	欠勤 （傷病手当金受給）	出勤	欠勤 （傷病手当金受給）	出勤	欠勤 （傷病手当金受給）
	6か月		6か月		6か月

● 休職期間中に有給休暇を取得、行使できるか

　年次有給休暇とは、労働基準法上認められている制度で、所定休日とは別に給料をもらいながら労働が免除される休暇です。

　継続勤務期間に対して、8割以上出勤した労働者は年次有給休暇を取得することができます。

　休職と有給休暇では、趣旨は異なりますが、「仕事を休む」という点では共通した制度です。休職と有給休暇が重なる場合（休職期間中に有給休暇を取得・行使できるか、あるいは休職期間満了後に退職となり、有給休暇を行使できるか、という問題）、を考えてみましょう。

　この問題には、以下のような行政通達が出されています。

　「休職発令により従来配属されていた所属を離れ、以後は単に会社に籍があるにとどまり、会社に対して全く労働の義務を免除されたこととなる場合において、休職発令された者が年次有給休暇を請求したときは、労働義務がない日について年次有給休暇を請求する余地のないことから、これらの休職者は、年次有給休暇請求権を行使できない」（昭31.2.13基収第489号）。つまり、年次有給休暇は、労働義務のある日に取得する休暇であるため、労働義務のない休職期間中に取得できるものではありません。

　「年休を先に取得し、その後休職期間に入る」もしくは「先に休職期間を設け、期間経過後にさらに年休を取得する」といった取扱いであればかまいませんが、休職期間中に労働者が年休の取得を請求してきても、会社は認める必要はないといえます。

■ 規定があるかないかで変わってくる ……………………………

休職中の賃金	明確な規定がある	規定に沿って賃金を支払うかを決める
	明確な規定がない	類似の規定・過去の慣例から賃金を支払うかを決める

3 休業手当を支払わなければな らない場合とは

使用者の都合で従業員が就業できなかった場合には支払わなければならない

● 休業手当とは

　労働基準法により、使用者の帰責事由による休業の場合、使用者は休業期間中、休業した労働者に対し、その平均賃金の60％以上の手当を支払わなければなりません。これを休業手当といいます。

　休業とは、労働契約上労働義務のある時間について労働ができなくなることです。一斉休業も1人だけの休業も同じです。1日の所定労働時間の一部だけの休業（一部休業）も含まれます。

　民法では、使用者の帰責事由による休業の場合は、労働者に賃金全額の請求権があると規定しています。しかし、労働基準法上の休業手当が平均賃金（89ページ）の60％以上とするのは、一見すると労働者の権利を狭めているように見えますが、休業手当の不払いには罰則が科されるため、最低60％を労働者に確保する点に意義があります。

　休業手当支払義務は強行法規（当事者間で法令と異なる特約をしても、その特約の効力が認められない規定）なので、労使間で60％を下回る保障の特約を定めても効力は認められません。

　なお、就業規則などによって60％以上の休業手当を支払うことを規定している場合は、その規定に従います。休業手当の支払いにあたっては雇用調整助成金の利用を検討するのがよいでしょう。

　判例は、休業手当支払義務は使用者による合理的理由のない解雇にも適用するため、解雇が無効となった場合（解雇権濫用）、解雇期間中について平均賃金の60％以上の休業手当を労働者に保障しなければならない、としていますので注意が必要です。労働者が解雇期間中に他の職業に就き、給料などの利益を得ていても、使用者が控除できる

のは平均賃金の40％が上限です。

● 使用者の帰責事由の範囲は休業手当の方が広い

　休業手当における使用者の帰責事由（責めに帰すべき事由）に該当するかどうかは、使用者が休業を回避するため、社会通念上の最善の努力をしたかどうかを問題とするので、民法上の帰責事由よりも範囲が広いと考えられています。したがって、天災事変などの不可抗力でない限り、休業手当における帰責事由があると判断される傾向があります。たとえば、原材料の欠乏、親会社の経営難による下請工場の資材不足・資金不足、違法な解雇、流通の不円滑による資材の入手難、機械の検査や監督官庁の勧告による操業停止などを理由に休業しても、使用者に帰責事由ありと判断されて、休業手当支払義務が生じます。

　一方で、休業の理由が不可抗力で、帰責事由が労使どちらにもない場合は、就業規則や労働協約などの定めに従います。不可抗力の例として、天災事変以外にも、電休（電力供給がなくなること）による休業、労働安全衛生法に基づく健康診断の結果による休業、一部労働者のストライキによる他の労働者の休業、法令に基づくボイラー検査による休業などが挙げられます。

■ 休業手当の支払義務の有無 ・・・・・・・・・・・・・・・・・・・・・・・・・・・・・・・・・・・・・

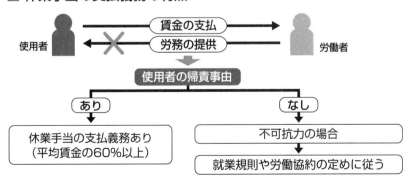

育児・介護休業法にはどんなことが規定されているのか

育児休業や介護休業、労働時間の制限などについて定められている

● 育児・介護休業法とは

　育児・介護休業法は、正式には「育児休業、介護休業等育児又は家族介護を行う労働者の福祉に関する法律」といい、育児や介護をする労働者の雇用の継続や再就職の促進を図ることを目的としています。

　近年は育児に積極的に参加する「イクメン」と呼ばれる男性が注目を集めています。夫婦共働き世帯が増える中、出産後に子育てをしながら自分のキャリアを維持するためにも働き続けたいという女性はたくさんいます。しかし、依然として、育児をしながら働くことには多くの障害があり、あきらめざるを得ない人が多いのも事実です。

　育児休業は、子育てのために、労働者が会社に対して休み（休業）がとれることを法的に認めた制度です。また、介護休業は、労働者の家族の介護が必要になったときに、労働者が会社に対して休みがとれることを法的に認めた制度です。

　育児休業も介護休業も、取得できる労働者は男女を問いませんから、男性労働者であっても育児休業や介護休業を請求することができます。もっとも、厚生労働省公表の「令和4年度雇用均等基本調査」によると男性の育児休業取得率は24.2％とされています。

　令和4年（2022年）10月からは、通常の育児休業とは別に、女性の産後休業中（産後8週間）に男性が育児休業を取得することを想定した「産後パパ育休」（出生時育児休業）の制度の開始が決まっています。

　なお、正社員ではないからといって、必ずしも育児休業・介護休業が認められないわけではありません。契約期間を定めずに働いている労働者であれば、1日の労働時間が短くても、正社員と同様に育児休

業・介護休業の取得が認められます。雇用の期間や形態によっては対象外になる場合もありますが、基本的にはパートタイマーなどであっても育児休業・介護休業を取得できます。

● 育児休業取得のためのポイント

育児休業のポイントは、男性労働者も育児休業を取得できることと、会社の理解と協力が必要になるという点です。

育児休業は、養育すべき満1歳（保育園に入所できないなどの特別の事情がある場合は、最長で満2歳）未満の子がいる労働者に認められています。

ただ、ある日突然「今日から育児休業を取得します」と労働者から言われたのでは、会社としても困りますし、他の労働者にも急な負担がのしかかります。

そのため、育児休業を取得する者は、休業開始日の1か月前（産後パパ育休は2週間前）までに、会社に所定の事項を記載した申出書を提出することが必要です。

● 介護休業取得のためのポイント

配偶者、父母、子などの一定の親族で身体上または精神上の障害のために2週間以上常時介護を必要とする家族がいる場合、その者を介護するために介護休業を取得できます。

介護休業を取得できる期間は最長93日（3か月）です。労働者が介護休業を取得する場合は、休業開始日の2週間前までに、会社に所定の事項を記載した申出書を提出することが必要です。申出書の提出を受けた会社は、原則として労働者の介護休業の取得を拒否できません。

妊娠出産に関する法律の規定はどのようになっているのか

働く母体を保護するための制度が設けられている

● どのような法律の規定があるのか

妊娠・出産・育児に関する制度としては、以下のものが挙げられます。

① 産休（産前産後の休業）や育児時間

労働基準法では、母体の健康や育児の環境を整えるため、使用者に対して労働環境への配慮を求めています。たとえば、産前産後の期間中の女性を就業させてはならないことや、妊産婦（妊娠中の女性や産後1年を経過しない女性）が請求した場合に時間外・休日労働や深夜業をさせてはならないことなどが挙げられます。また、生後満1年に達しない生児を育てる女性は、就業時間中であっても1日2回各々少なくとも30分、その生児を育てるための時間（育児時間）を請求できます。

② 出産育児一時金・出産手当金

会社員であれば、大半は健康保険という医療保険制度に加入しています。健康保険法は、出産における経済的な負担を軽減するため、出産育児一時金や出産手当金（212ページ）について定めています。

③ 不利益取扱いの禁止等

男女雇用機会均等法は、妊娠出産を理由に解雇等の不利益な取扱いをしないことや、妊産婦のための保健指導または健康診査を受診するための時間の確保をすることなどを定めています。

● 産休はどんな場合にとれるのか

産前産後の休業は、母体の保護や次世代を担う労働力の保護という観点から設けられた制度で、女性の労働者すべてに認められます。

具体的には、6週間（双子などの多胎妊娠の場合は14週間）以内に

出産することが予定されている女性が産前休業を請求した場合、使用者は、その者を就業させてはいけません。産前休業の期間は、出産予定日の6週間前から起算して出産日の当日までとなります。

　また、産後休業は出産日の翌日から起算して8週間ですが、6週間を経過するまでは、女性からの請求の有無にかかわらず、必ず休業させなければなりません。しかし、6週間を経過した後は、女性が就業したいと請求した場合に、医師が支障がないと認めた業務に就かせることが認められます。このように、産前休業と産後休業では性質が違いますから、就業規則などで「産前産後をあわせて14週間を産前産後の休業とする」と規定することはできません。なお、労働基準法でいう「出産」とは、妊娠4か月以上の分娩を意味するため、4か月以上であれば、流産、早産、死産、人工中絶も含まれます。

◉ 出産のための給付

　健康保険では、出産のために仕事を休んだ場合の賃金の補てんと出産費用の補助を行っています。賃金の補てんとしての給付を出産手当

■ 産前休業と産後休業 ··

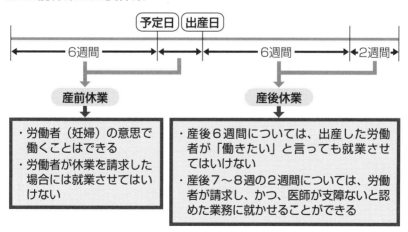

金、出産費用の補助としての給付を出産育児一時金といいます。

◉ 出産手当金とは

健康保険の被保険者が、出産のため休業することによって、賃金を得ることができなかった場合（または減額された場合）に支給されるのが出産手当金です。受給できる期間は、出産日以前（産前）42日（双児以上の妊娠は98日）から出産日後（産後）56日までの間です。出産日当日は産前に含まれます。出産手当金の支給額は、休業1日につき、支給開始日以前12か月の各月の標準報酬月額の平均を30日で除した額の3分の2相当額です。ただ、会社などから賃金の一部が支払われたときは、出産手当金と支払われた賃金との差額が支給されます。

出産手当金の出産とは妊娠85日（4か月）以上の出産をいい、生産（早産）、死産（流産）、人工中絶も含みます。85日未満の出産に対しては給付されません。

また、実際の出産が当初の予定日より遅れた場合は、実際に出産した日までの期間について出産手当金が支給されます。つまり、出産手

■ 出産手当金と出産育児一時金 ……………………………………

	出産手当金	出産育児一時金
内容	出産のため会社を休み、事業主から報酬が受けられないときに支給される手当	妊娠4か月以後（妊娠85日以後）に出産したときに支給される一時金
支給額	1日につき「支給開始日以前12か月の各月の標準報酬月額の平均額÷30日×3分の2」	1児ごとに50万円（原則）
取得手続き	産前産後別または産前産後一括してそれぞれの期間経過後に、事業所管轄の全国健康保険協会の都道府県支部または会社の健康保険組合に提出する	出産から2年以内に事業所管轄の全国健康保険協会の都道府県支部または会社の健康保険組合に提出する

当金の産前の支給期間が42日（双児以上の場合は98日）よりも延びることになります。逆に出産が予定日よりも早まったときは、すでに支給された出産手当金について、産後の出産手当金である56日の一部を支給したものとみなします。予定よりも出産が早まった日数分は支給されません。なお、任意継続被保険者の場合、出産手当金は支給されません。

● 出産育児一時金とは

健康保険の被保険者またはその被扶養者である家族が妊娠4か月以後（妊娠85日以後）に出産したときに、一児につき50万円が支給されます（双児以上の場合は50万円×人数分）。

ただし、在胎週数が22週に達していない人や、産科医療補償制度（出産時の事故で重度の脳性麻痺児が生まれた場合の補償制度）に加入していない医療機関で出産した場合、支給額は48.8万円となります。

■ 出産手当金が支給される期間 ・・・・・・・・・・・・・・・・・・・・・・・・・・・・・・・

● 予定日に出産、または予定日より前に出産した場合

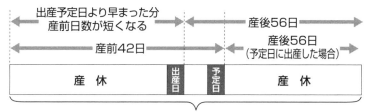

※出産予定日より出産が早まった場合、早まった分、産前期間が短くなる。

● 予定日より遅れて出産した場合

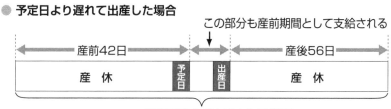

出産手当金が支給される期間

6 妊娠中と産後1年の就業制限について知っておこう

労働場所や労働時間などに対する配慮が求められる

● 労働基準法はどのような保護規定を置いているのか

労働基準法上には、妊婦および胎児の心身の健康を守り、出産後の母体の健康回復や育児などを考慮した職場環境作りをするための規定が置かれています。具体的には次のような規定があります。

・坑内業務や危険有害業務の就業制限（64条の2、64条の3）
・就業制限および軽易な業務への転換（65条）
・労働時間や休日などの制限（66条）

● 請求があれば軽易業務に転換しなければならない

妊娠中の女性が請求すると、使用者はその女性を現在の業務よりも軽易な業務に転換させなければなりません。たとえば外を歩き回る営業の仕事から、屋内での事務仕事に移すなどといったことが考えられます。なお、社内に適当な「軽易な業務」がないこともありますが、このような場合は新たに軽易な業務を作り出す必要はなく、一部の業務を免除するなどの対応をすれば足りるとされています。

● 危険有害業務への就業が禁止・制限される

妊産婦（妊娠中の女性および産後1年を経過しない女性）が危険有害業務に就業することによって、流産の危険が増す他、健康を害する恐れが高まるので、就業を制限する規定が置かれています。

まず、鉱山の掘削などの坑内業務は、妊娠中の女性を従事させてはいけません。また、産後1年を経過しない女性については、申出があった場合に坑内業務に従事させることができません。

次に、重量物を取り扱う業務や有毒ガスが発生する業務など、妊娠や出産に悪影響を及ぼす業務も、妊娠中の女性を従事させることができません。また、産後1年を経過しない女性を従事させることも、原則としてできませんが、業務の内容によっては、女性側からの申出がないときに従事させることができる場合もあります。

● 変形労働時間制が制限される

労働基準法では1週（1週間）40時間以内、1日8時間以内という法定労働時間を定めていますが、変形労働時間制を導入している事業場（職場）もあります。変形労働時間制は、一定期間を通じて、平均して1週40時間以内の法定労働時間を守っていれば、その期間内の特定の日や特定の週に「1日8時間、1週40時間」を超えて労働させてもよいという制度で、①1か月単位の変形労働時間制、②1年単位の変形労働時間制、③1週間単位の非定型的変形労働時間制の3種類があります（164ページ）。しかし、妊産婦が請求した場合、事業場に次の3種類の制度があっても、本来の労働基準法の規定を超える労働をさせることはできないとされています。

● フレックスタイム制の活用

事業の内容によっては、労働者が自分で出退勤の時刻を決めることが適している場合があります。このような事業について有効な制度が182ページで解説したフレックスタイム制です。フレックスタイム制は、妊産婦にとっても有効な働き方ともいえるので、前述した制限される変形労働時間制の内容に含まれていません。

フレックスタイム制を導入する場合、事業場（職場）の労働者全員が必ず労働しなければならない時間帯（コアタイム）を設けるのが一般的です。そして、コアタイムを設けた場合には、その前後の一定の範囲で、労働者が自由に始業時刻と終業時刻を選択できる時間帯（フ

レキシブルタイム）を設けます。

　フレックスタイム制を採用した場合、清算期間を平均して１週の労働時間が40時間を超えなければ、１週または１日の法定労働時間を超えて労働させても割増賃金を支払う必要はありません（清算期間が１か月超の場合は１か月ごとの労働時間は１週平均50時間を超えないとの制約があります）。一方、清算期間を平均して法定労働時間を超えて働いている労働者に対しては、その超えた部分については割増賃金を支払う必要があります。

　フレックスタイム制により、労働者は自分の都合で働くことができますが、必ずしも業務の繁閑にあわせて勤務するとは限りません。さらに、コアタイムでない限り、会社（使用者）は出社時刻や退社時刻を指示できないため、会社の意思と合致しないなどのデメリットもあることから、導入しても廃止する会社もあります。

● 時間外労働・休日労働・深夜労働にも制限がある

　時間外労働・休日労働については、緊急の場合や三六協定などに基づいて行うことができるとされています。しかし、妊産婦が請求した場合は、時間外労働・休日労働をさせることはできません。同様に深夜労働についても、妊産婦が請求した場合は、深夜労働をさせることはできないとされています。

　また、妊産婦が会社の中間管理職の場合、労働基準法上の管理監督者として働いていることがあり、管理監督者は、時間外労働・休日労働という概念があてはまらない働き方をしています。しかし、管理監督者が妊産婦である場合には、その管理監督者である妊産婦が請求したときには、会社は、時間外労働・休日労働をさせてはならないことになっています（深夜労働についても同様です）。

育児休業の対象や改正内容について知っておこう

労働者が出生後の子を養育するためにする休業制度

● どんな人が対象なのか

　育児休業は労働者の権利として認められているわけですから、原則として、労働者であれば１歳未満の子どもを養育している場合、男女を問わず、事業主に申し出ることにより育児休業をすることができます。

　育児・介護休業法が定める要件は、有期雇用労働者（期間を定めて雇用されている者）については、子が１歳６か月に達する日（産後パパ育休は、子の出生日または出生予定日のいずれか遅い方から起算して８週間を経過する日の翌日から６か月を経過する日）までに、労働契約（更新される場合には、更新後の契約）の期間が満了することが明らかでないことです。

　育児休業は、女性に限らず男性も取得することができます。しかし、男性の取得はまだまだ少ないのが現状です。そこで、令和３年（2021年）に育児休業の取得をさらに促進するための法改正が行われました。具体的な内容は、次のとおりです。

① 男性の育児休業取得促進に向けた、子の出生直後の時期における柔軟な育児休業の取得の枠組みの創設

　女性に対しては、労働基準法で産後（出産後）８週間は産後休業をさせなければなりません。それにならって、男性も任意で子の出生後８週間以内に４週間まで育児休業を取得できる新たな枠組みが創設されます。この枠組みは「出生時育児休業（産後パパ育休)」とも呼ばれています。産後パパ育休は、通常の育児休業とは別に取得可能です。

　現在、男性が育児休業を取得する時期は、妻の出産後というのが多くを占めることから、その時期に育児休業を柔軟に取得しやすくする

ことがねらいです。そのため、休業の申出期限は通常の１か月前から原則２週間前に短縮され、取得回数が１回と制限されていたものが２回に分割取得することが可能になります（分割取得をするときは最初にまとめて申し出ることが必要です）。

　さらに、育児休業期間中でも、事前に労使協定を締結し、労働者と事業主の間で合意した範囲で休業中に就業することも可能な制度設計となっています。具体的には、休業期間中の労働日・所定労働時間の半分までの就業が可能とされました。

　また、この枠組みの創設に合わせて、育児休業給付が適切に行われるように雇用保険法の改正も同時に行われました。これらの制度は、令和４年（2022年）10月１日から実施されています。

② **育児休業を取得しやすい雇用環境整備、妊娠や出産の申出をした労働者に対する個別の制度周知・意向確認の措置の義務付け**

　まず、育児休業を取得しやすい雇用環境整備の措置が事業主に義務付けられました。具体的な措置については、研修や相談窓口などの複数の選択肢から選択することが求められています。

　次に、労働者またはその配偶者が妊娠や出産したことの申出をした際に、面談または書面などの方法によって個別に制度周知・意向確認の措置を講じることが義務付けられました。従来からの育児休業制度を個別周知する措置の努力義務を義務化するとともに、意向確認の措置をあわせて義務化しています。

　なお、面談などの際に「育児休業を取得されると職場の仕事が滞る」などのように、育児休業の取得を控えさせるような言動による周知や意向確認は認められません。これらの措置は、令和４年（2022年）４月１日から義務付けられています。

③ **育児休業の分割取得**

　従来は、育児休業の申出は１人の子につき１回で、申出ができる休業は連続したひとまとまりの期間の休業でしたが、改正により２回ま

で分割取得することが可能になります（下図）。

　たとえば、共働き世帯では、育児休業を取得していた妻が一度職場に復帰し、再度、育児休業を取ることが可能です。そして、妻の職場復帰期間については、交代で夫が育児休業を取得するなど、家庭の事情で会社でのキャリアプランをあきらめずに、ワークライフバランスを保つことができます。

　また、１歳以降に延長した場合の育休開始日が各期間（１歳から１歳６か月まで、１歳６か月から２歳まで）の初日に限定されていたため、各期間の開始時点でしか夫婦が育児休業を交代することができませんでしたが、今後は育休開始日を柔軟にすることで、各期間の途中でも夫婦交代が可能となりました。

　育児休業の分割取得に合わせて、育児休業給付が適切に行われるように雇用保険法の改正も同時に行われました。これらの制度は、令和４年（2022年）10月１日から実施されています。

④　育児休業取得状況の公表

　常時雇用する労働者（契約社員、パート社員などを含む）が1000人を超える事業主に対して、育児休業（産後パパ育休などを含みます）

■ 改正後の育児休業のイメージ ……………………………………

● 保育園に入所できない等の場合
【産休：産後休業 / 育休：育児休業 / パ：産後パパ育休】

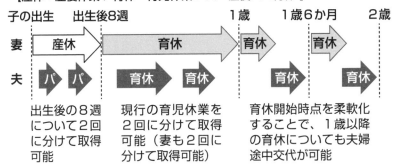

の取得状況を少なくとも年1回公表することが令和5年（2023年）4月1日から義務付けられています。

⑤　有期雇用労働者の育児休業取得要件の緩和

　育児休業を取得できる有期雇用労働者の要件のうち、「同一の事業主に引き続き1年以上雇用されていること」が廃止され、「子が1歳6か月に達する日（産後パパ育休は、子の出生日または出生予定日のいずれか遅い方から起算して8週間を経過する日の翌日から6か月を経過する日）までに、労働契約（更新される場合には、更新後の契約）の期間が満了することが明らかでないこと」という要件のみになりました。もっとも、労使協定を締結することによって、「その事業主に継続して雇用された期間が1年未満の者」を育児休業の対象から除外することは引き続き可能です。この制度は、令和4年（2022年）4月1日から実施されています。

■ 最近の育児休業法の改正 ……………………………………………

主な改正点	改正内容
1. 男性の育児休業取得促進のために、子の出生直後の時期に柔軟な育児休業ができる枠組みの創設	子の出生後8週間以内に4週間まで柔軟な育児休業の取得が可能
2. 育児休業を取得しやすい雇用環境整備、妊娠・出産を申し出た労働者への個別周知、意向確認の措置（義務）	さまざまな措置を実施することで育休取得の促進
3. 育児休業の分割取得	2回までの分割取得が可
4. 育児休業取得状況の公表（義務）	常時使用する労働者が1000人超の事業主が対象
5. 有期雇用労働者の育児休業取得要件の緩和	継続雇用が1年未満であっても育休の対象者

育児休業取得と申出について知っておこう

原則として１年間であるが、延長できる場合もある

● 原則は子が１歳になるまで

　育児休業の期間は、原則として、出生から「子が１歳に達する日（１歳の誕生日の前日）まで」の間で労働者が申し出た期間とされています。育児休業の対象となっている子を出産した女性労働者は、労働基準法の規定に基づいて産後８週間の産後休業が確保されているので、育児休業はその終了後から取得が可能となります。

　子が１歳に達する時点で、次のいずれにも該当する場合には、子が１歳に達する日の翌日から子が１歳６か月に達する日までの期間について、事業主に申し出ることにより、育児休業をすることができます。

① 　育児休業の対象となっている子が１歳に達する日において、労働者本人または配偶者が育児休業をしている場合

② 　保育所に入所できない等、１歳を超えても休業が特に必要と認められる場合

　子が１歳６か月に達する時点で同様の状況にある場合には、２歳に達する日までの期間について、事業主に申し出ることにより、育児休業をすることができます。子の２歳までの休業は、１歳６か月到達時点でさらに休業が必要な場合に限って申出が可能となるため、１歳時点で可能な育児休業期間は、あくまでも子が１歳６か月に達する日までとなります。

● 父親と母親がともに育児休業をする場合は１歳２か月まで延長できる

　男性による育児休業の取得をより促すために実施されているのが

「パパ・ママ育休プラス」制度です。

　子の父親と母親がともに育児休業をとる場合に、特例として育児休業の対象となる子どもの年齢を原則の「1歳まで」から「1歳2か月まで」に延長する制度で、次のいずれにも該当する場合に適用されます。

① 育児休業を取得しようとする労働者（以下「本人」という）の配偶者が、子の1歳に達する日（1歳の誕生日の前日）以前のいずれかの日において育児休業（産後パパ育休を含む）をしていること

② 本人の育児休業開始予定日が、子の1歳の誕生日以前であること

③ 本人の育児休業開始予定日が、配偶者がしている育児休業の初日以降であること

　上記①〜③の要件を満たした場合でも、父親、母親、それぞれの育児休業期間が1年に達したとき（産後パパ育休の期間を含む。出産した母親は、出生日以後の産後休業期間を含む）は、子どもが1歳2か月に到達する前でも、育児休業期間は終了することになります。

● いつまでに申出をすればよいのか

　1歳までの育児休業の場合、原則として1か月前までに申し出なければなりません。ただし、以下のような、育児休業をすぐ取得しなければならない「特別の事情」が生じた場合には、1週間前に申し出ることにより取得することができます。

① 出産予定日前に子が生まれたとき

② 配偶者が亡くなったとき

③ 配偶者が病気、ケガなどにより養育が困難になったとき

④ 配偶者が子と同居しなくなったとき

⑤ 子が負傷、疾病、心身の障害により2週間以上の世話を必要とするようになったとき

⑥ 保育所（保育園）に入所申請をしたが当面入所できないとき

　これに対し、1歳以降の育児休業の申出は以下のようになっていま

す。これより遅れた場合、事業主は、一定の範囲で休業を開始する日を指定することができます。

【1歳6か月までの育児休業の場合】

・1歳の誕生日から2週間の間で休業を開始したい場合は2週間前まで
・1歳2週間から1歳1か月到達日までに休業を開始したい場合は、1歳の誕生日の前日まで
・1歳1か月到達日後に休業を開始したい場合は、1か月前まで

【2歳までの育児休業の場合】

・1歳6か月到達日の翌日から2週間の間で休業を開始したい場合は2週間前まで
・1歳6か月2週間から1歳7か月到達日までに休業を開始したい場合は、1歳6か月到達日まで
・1歳7か月到達日後に休業を開始したい場合は、1か月前まで

● 申出の際の手続きについて

　労働者から育児休業開始予定日の1か月前までに「(出生時) 育児休業申出書」を提出してもらいます。これは社内の任意書式です。記載してもらうべき事項は、申出年月日、労働者の氏名、申出の対象となっている子の氏名・生年月日、労働者との続柄、休業を開始しようとする日、休業を終了する日などです。申出があった場合、事業主は、出生の事実を診断書等により確認できますが、必要条件ではありません。

　なお、申し出た子が養子である場合には、養子縁組の効力発生日を、それぞれ追加で記載してもらわなければなりません。その他にも、労働者の事情に応じて、追加で記載してもらう必要のある事項があります。

　そして、育児休業を取得することができる労働者であることを確認したら、「(出生時) 育児休業取扱通知書」により、育児休業期間、休業中の給与などの取扱い、復職時の労働条件などを労働者へ通知します。

◉ 申出が遅れた場合

　前述した「特別の事情」がなくても、直前になって育児休業の申出を行う場合もあると予想されます。1か月前よりも遅れて申出が行われる場合でも、育児休業が取得できるしくみがあります。

　ただし、事業主が職場における代替要員の確保などさまざまな対応を行う必要があるため、その準備期間が生じることを考慮して、事業主が労働者の休業開始日を指定できることになっています。つまり、事業主は、労働者が休業を開始しようとする日以後申出日の翌日から起算して1か月を経過する日（たとえば申出日が7月1日であれば8月1日）までの間で休業開始日を指定できます。

　なお、事業主が育児休業を開始する日を指定する場合は、原則として、申出があった日の翌日から3日を経過する日まで（申出があった日から育児休業を開始する日までが短い場合は、育児休業を開始する日まで）に指定する日を労働者に通知しなければなりません。

◉ 1歳6か月（または2歳）まで延長する場合

　保育所への入所を希望して申込みを行っているのに入所できない場合や、配偶者の死亡、心身の障害、別居などの事情により養育するの

■ 申出の遅れと育児休業開始日の指定 ……………………………

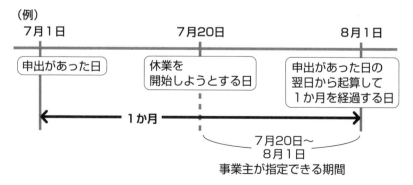

が難しくなった場合などには、育児休業を子どもが1歳6か月（または2歳）に達するまで延長することができます。

　この場合、労働者が、自分が希望する休業開始予定日から休業するためには、休業開始予定日によって決められた期限までに申出を行う必要があります。

● 開始予定日を繰上げたり終了予定日を繰下げたりできる

　一度休業申出をして、事業主との間で育児休業期間が確定した後であっても、次のような事情がある場合には、休業開始日の繰上げ変更をすることができます。

① 　出産予定日前に子が生まれたとき

② 　配偶者が亡くなったとき

③ 　配偶者が病気、ケガにより養育が困難になったとき

④ 　離婚等により配偶者が子と同居しなくなったとき

⑤ 　子が負傷、心身の障害により2週間以上の世話を必要とするようになったとき

⑥ 　保育所に入所申請をしたが当面入所できないとき

　ただし、育児休業開始予定日の繰上げ変更は、1週間前までに申し出なければなりません。これより遅れて申出がなされた場合には、事業主は、その翌日から1週間経過する日までの間で休業を開始する日を指定することができます。

　労働者が、1歳に達するまでの育児休業を終了する日の繰下げ変更をする場合は、当初の育児休業を終了しようとしていた日の1か月前までに変更の申出をしなければなりません。これとは別に、1歳6か月（または2歳）までの育児休業を終了する日については、当初の終了しようとしていた日の2週間前までに変更の申出をすることにより、終了予定日の繰下げ変更をすることができます。

　なお、育児休業開始予定日の繰上げ変更は1歳までの育児休業1回

につき1回まで、育児休業終了予定日の繰下げ変更は、1歳まで、1歳から1歳6か月まで、1歳6か月から2歳までの育児休業それぞれ1回に限り可能です。

　労働者が希望した場合は育児休業期間を変更できる旨の取り決めやその手続きを、就業規則に明記しておくことが望ましいでしょう。

● 申出を撤回することもできる

　労働者は、休業開始日の前日までであれば、育児休業の申出の撤回ができます。撤回の理由は問われません。しかし、一度撤回すると同じ子については、下記の特別な事情がない限り、再び育児休業することの申出ができなくなります。

① 　配偶者が亡くなったとき

② 　配偶者が負傷、疾病等により養育が困難になったとき

③ 　離婚等により配偶者が子と同居しなくなったとき

④ 　子が負傷、心身または身体上もしくは精神上の障害により2週間以上の世話を必要するようになったとき

⑤ 　保育所に入所申請をしたが当面入所できないとき

　そして、後述のとおり、令和4年（2022年）10月以降は1歳までの育児休業を2回に分けて取得できるようになり、申出の撤回をすると育児休業を1回取得したとみなされます。そのため、1歳までの育児休業の場合は、これを2回取得すると同じ子については、上記の特別な事情がない限り、再び育児休業をすることの申出ができなくなります。

　なお、子が1歳に達するまでの育児休業の申出を撤回した場合（令和4年10月以降は育児休業を2回撤回した場合）であっても、子が1歳に達する日において育児休業をしている配偶者と交代する場合には、1歳から1歳6か月まで及び1歳6か月から2歳までの育児休業の申出は可能です。また、子が1歳から1歳6か月に達するまでの育児休業の申出を撤回した場合も、配偶者と交代する場合には、1歳6か月

から2歳までの育児休業の申出は可能です。

● 同じ子について育児休業期間を2回に分けることはできるのか

　令和4年（2022年）10月以降は、1歳までの育児休業に限りますが2回までの分割取得ができるようになりました。また、保育所に入れないなどの理由で育児休業を1歳以降も延長する場合も、令和4年10月以降は、休業開始日を柔軟に決めることが可能になり、各期間の途中でも取得可能になります（取得回数は各1回と変わりません）。

　これにより、夫婦で交代して育児休業を取得したくても、各期間の開始時点でしか取得できなかった、という問題点を解消できます。

● 出生後8週間以内に父親が育児休業を取得する場合

　令和4年10月から「産後パパ育休」（出生時育児休業）が実施されています。この制度は通常の育児休業とは別に取得することができ、

■ 休業開始予定日の繰上げ変更 ………………………………………

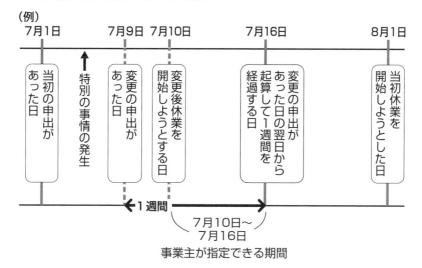

（例）

| 7月1日 | | 7月9日 | 7月10日 | 7月16日 | 8月1日 |

当初の申出があった日　特別の事情の発生　変更の申出があった日　変更後休業を開始しようとする日　変更の申出があった日の翌日から起算して1週間を経過する日　当初休業を開始しようとした日

←1週間→

7月10日〜7月16日
事業主が指定できる期間

子の出生後8週間以内に4週間まで、2回までの分割取得が可能です。原則として休業の2週間前までに申出をします。産後パパ育休も雇用保険の育児休業給付（出生時育児休業給付金）の対象です。

● どんな場合に育児休業期間は終了するのか

　育児休業は、通常は労働者が申し出た取得終了予定日に終わります。例外として、次のいずれかの事情が生じた場合には、労働者の意思にかかわらず、育児休業の途中であっても、その事情が生じた日（③の場合はその前日）に終了します。

① 　子を養育しないこととなった場合

② 　子が1歳に達した場合（1歳6か月まで及び2歳までの育児休業の場合は、子が当該年齢に達した場合）

③ 　育児休業をしている労働者について産前産後休業、介護休業または新たな育児休業が始まった場合

　①の「子を養育しないこととなった場合」とは、具体的には次の場合のことをいいます。子を養育しないこととなった場合、労働者は、そのことを事業主に通知しなければなりません。

・子の死亡

・子が養子の場合の離縁や養子縁組の取消

・子が他人の養子となったことなどによる同居の解消

・特別養子縁組の不成立などの場合

・労働者の負傷、疾病により子が1歳（または1歳6か月または2歳までの当該年齢）に達するまでの間、子を養育できない状態となったこと

・「パパ・ママ育休プラス」の特例により、1歳到達日の翌日以降育児休業をする場合で、配偶者が育児休業をしていないこと

子が3歳到達までの期間は保護規定がある

短時間勤務制度、所定外労働の制限が義務付けられている

● 所定労働時間を短縮することができる

　基本的な生活習慣が身につく3歳くらいまでは、子どもの養育に手がかかるため、限られた時間の中で仕事と子育てが両立できる環境が必要です。そこで、企業がとるべき措置として、育児・介護休業法は以下の事項を規定しています。

①　所定労働時間（会社の就業規則などで定められた労働時間のこと）の短縮（短時間勤務制度）

②　所定外労働（所定労働時間を超えて行う労働のこと）の制限

③　フレックスタイム制

④　始業・終業時刻の繰上げ・繰下げ

⑤　託児施設の設置運営

⑥　⑤に準ずる便宜の供与

⑦　育児休業制度に準ずる措置（子どもが1歳から3歳未満の場合）

　これにより、3歳未満の子どもを養育している労働者は、男女を問わず、申出によって、短時間勤務制度（所定労働時間の短縮）が利用できるようになっています。短時間勤務制度は、1日の所定労働時間を原則6時間とする措置を含むものでなければなりません。

　ただし、日雇い労働者や1日の所定労働時間が6時間以下の労働者、育児休業（産後パパ育休を含む）をしている労働者は、短時間勤務制度の対象外とされています。また、労使協定を結ぶことで、次のいずれかに該当する者を対象外とすることができます。

①　継続雇用1年未満の者

②　1週間の所定労働日数が2日以下の者

③　業務の性質、業務の実施体制に照らして短時間労働勤務の措置を講ずることが困難な者

　③の「業務の性質、実施体制に照らして短時間労働勤務の措置を講ずることが困難な場合」であることを理由として、労使協定により短時間勤務制度の対象外とした場合には、育児休業制度に準ずる措置、始業・終業時刻の変更、フレックスタイム制などのうちいずれかの措置をとることが、事業主（会社）に義務付けられています。

● 所定労働時間を超える労働（所定外労働）が制限される

　事業主（会社）は、3歳未満の子どもを養育している労働者から請求があった場合、原則として、その労働者に所定労働時間を超える労働（所定外労働）をさせることができません（所定外労働の制限）。

　ただし、日雇い労働者は所定外労働の制限の対象外とされています。さらに、①継続雇用1年未満の労働者、または、②1週間の所定労働日数が2日以下の労働者については、労使協定を結ぶことで、所定外労働の制限の対象外とすることができます。

　また、所定外労働の制限の請求について、事業主は「事業の正常な運営を妨げる場合」には、これを拒むことができます。正常な運営を妨げる場合にあたるかどうかは、その労働者の担当する業務の内容、代替要員の配置の難しさなどを考慮して、客観的に判断すべきであるとされています。

● 標準報酬月額の改定や標準報酬月額の特例

　育児休業の終了後、職場復帰した労働者の労働条件が育児休業の取得前と同様でないことがあります。特に従前よりも報酬額が低下した場合、育児中の労働者の経済的な負担を少しでも軽くするため、標準報酬月額を改定する制度があります。これを育児休業等終了時改定といいます。そして、育児休業等（育児休業および育児休業の制度に準

ずる措置による休業）を終了した日において、その育児休業等の対象となった3歳未満の子を養育する労働者（被保険者）が、育児休業等終了時改定の制度を利用できます。

　また、3歳未満の子を養育する労働者（被保険者）の将来における年金の受給が不利にならないようにするため、養育期間標準報酬月額の特例という制度があります。

　これらの手続きは、労働者の申出に基づき事業主が行います。

● その他会社（事業主）が配慮すること

　事業主は、雇用する労働者に対する転勤命令など、就業の場所の変更を伴う配置変更を行う場合、就業場所の変更により働きながら子を養育することが困難になる労働者がいるときは、子の養育の状況に配慮しなければなりません。その他、事業主は、所定外労働の制限、所定労働時間の短縮措置、時間外労働の制限、深夜業の制限について、その申出や取得したことを理由に、労働者に対して解雇などの不利益な取扱いをすることは許されません。

■ 所定外労働の制限と例外 ………………………………………

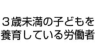
3歳未満の子どもを
養育している労働者

所定外労働の制限を請求

事業主

【原則】
　　請求者（労働者）に所定外労働（残業）をさせることはできない
【例外】
　　事業主は「事業の正常な運営を妨げる場合」には拒むことができる

⇒ 請求者（労働者）の担当する業務の内容、代替要員の配置の
　難しさなどを考慮して、客観的に判断される

子が小学校就学までの期間は
保護規定がある

看護休暇、時間外労働・深夜業の制限が義務付けられている

● どんな規定があるのか

　小学校就学前の子どもを養育する労働者（日雇い労働者を除く）については、男女を問わず、申出（または請求）により、①子の看護休暇、②時間外労働の制限、③深夜業の制限が適用されます。

● 子の看護休暇について

　小学校就学前の子どもを養育する労働者（日雇い労働者を除く）は、申し出ることにより、1年度につき5日（小学校就学前の子どもが2人以上いる場合には10日）を限度に、病気やケガの子どもの世話のために、看護休暇を取ることができます。ここでいう「看護」には、予防接種や健康診断を受けさせることも含まれています。

　事業主（会社）は、看護休暇の申出を拒絶することはできませんし、看護休暇を年次有給休暇で代替させることもできないことになっています。

　ただし、以下の①または②のいずれかに該当する者については、看護休暇制度が適用されない労働者について定める労使協定を結ぶことにより、看護休暇制度の適用除外者とすることができます。

①　継続雇用6か月未満の者

②　1週間の所定労働日数が2日以下の者

③　時間単位で子の看護休暇を取得することが困難と認められる業務に従事する者

　事業主として、看護休暇を取得した期間については、無給とすることができます。なお、看護休暇の「1年度」は、別段の定めがない限り、4月1日から翌年の3月31日までとされています。

● 時間外労働が制限されている

時間外労働の制限は、小学校就学前の子どもを養育する労働者（日雇い労働者を除く）が請求した場合（請求回数の制限はない）には、1か月24時間、1年150時間を超える法定の時間外労働（1日8時間、1週40時間を超える労働）をさせることはできないというものです。事業主（会社）は、事業の正常な運営を妨げる場合を除いて、時間外労働の制限の請求を拒むことはできません。

時間外労働の制限について、労働者は事業主に対して、1か月前までに、制限を求める期間（1か月以上1年以内の連続する期間）を明示して請求する必要があります。

なお、この措置は「時間外労働の制限」と呼ばれており、3歳までの子どもを養育する労働者の残業を制限する「所定外労働の制限」とは別物ですので、混同しないよう注意が必要です。

● 深夜業が制限されている

深夜業の制限は、小学校就学前の子どもを養育する労働者（日雇い労働者を除く）が請求した場合（請求回数の制限はない）には、夜の10時から翌朝5時までの深夜の時間帯に労働をさせることはできないというものです。事業主（会社）は、事業の正常な運営を妨げる場合を除いて、上記の請求を拒むことはできません。継続雇用1年未満の労働者または1週間の所定労働日数が2日以下の労働者などは、上記の請求ができません。

この深夜業の制限について、労働者は、事業主に対して、制限開始予定日の1か月前までに、制限を求める期間（1か月以上6か月以内の連続する期間）を明示して請求する必要があります。

● 養育者に対する均衡措置とは

会社は法的な義務以外にも、子の養育と仕事を両立させるために、

必要な措置を採るように努力しなければならない場合があります。

① 1歳未満（延長の場合は1歳6か月未満または2歳未満）の子どもを養育する労働者で育児休業していない労働者

始業時刻変更等の措置を講ずる努力が必要です。始業時刻変更等の措置とは、フレックスタイム制度の導入、始業または終業時刻の繰上げまたは繰下げ（時差出勤の制度）、養育する子を対象とする保育施設の設置運営やベビーシッターの手配（費用は事業主が負担）といった措置のことです。

② 1歳から3歳までの子どもを養育する労働者

育児休業に関する措置や、始業時刻変更等の措置を講ずる努力が必要です。

③ 3歳から小学校就業前の子どもを養育する労働者

小学校就学前の子を養育する労働者に対しては、事業主は、育児休業に関する措置、所定外労働の制限に関する措置、所定労働時間の短縮措置、または始業時刻変更等の措置を講ずる努力が必要です。

■ 子育てをする労働者に対する事業主（会社）の対応 …………

	内容・事業主の対応
育児休業制度	原則として子が1歳になるまで。子の小学校就学まで育児休業に準じる措置についての努力義務
所定労働時間の短縮	子が3歳までは義務、子の小学校就学まで努力義務
所定外労働の制限	子が3歳までは義務、子の小学校就学まで努力義務
子の看護休暇	子の小学校就学まで義務
時間外労働の制限	子の小学校就学まで義務
深夜業の制限	子の小学校就学まで義務
始業時刻変更等の措置	子の小学校就学まで努力義務

Q 勤務中に育児時間を取得することもできるのでしょうか。

A 労働基準法67条では、生後1年に達しない生児を育てる女性は、1日2回各々少なくとも30分、生児を育てるための時間を請求することができるとしています。女性が授乳などの世話のため、作業から離脱できる時間を法定の休憩時間とは別に与える制度です。「生児」とは、実子、養子ともに認められ、その女性が出産した子であるか否かは問いません。

　育児時間は、女性従業員が請求した時に、はじめて会社に育児時間を与える義務が発生します。1日につき2回という回数も、本人が希望すれば1回でもかまわないわけです。時間についても「少なくとも30分」とありますので、使用者の方でそれ以上の時間を与えることはかまいませんし、労使協定を結んだ場合は、まとめて1日1回60分（育児時間を連続2回取得したものと扱う）とすることも可能です。

　通常の休憩時間と異なり、育児時間を就業時間の開始時や終了時に与えることもできます。もちろん、1日のどの時間帯で育児時間を与えるかは、労働者と使用者が話し合って決めなければなりません。一般的には、本人の請求した時間に与えるのが望ましいといえます。

　本規定は正社員だけでなく、パートタイマーやアルバイトにも適用されます。ただし、1日の労働時間が4時間以内の女性従業員から請求があった場合は、1日1回少なくとも30分の育児時間を与えればよいとされています。また、育児時間中の賃金を有給にするか無給にするかは、労使協定や就業規則などで定めるところによるため、使用者の裁量によるといえます。

11 介護についての法制度はどうなっているのか

介護する労働者の支援を目的とする制度を規定している

● どんな目的で法律が整備されているのか

　超高齢社会を迎え、介護を必要とする人が増え続けており、労働者が離職を余儀なくされる場合もあり得ます。そこで、労働者が安心して介護と仕事を両立させることができるような環境を整えることを目的として、育児・介護休業法による介護休業や、介護保険法による介護サービスが実施されています。

　また、厚生労働省は、事業主が労働者の仕事と介護の両立を支援する際の具体的取組方法・支援メニューである「介護離職を予防するための両立支援対応モデル」を策定しています。

● 介護休業を取得できる労働者とは

　介護休業を取得できるのは、負傷、疾病または身体上もしくは精神上の障害などの事情により、2週間以上にわたって常時介護を必要とする状態（要介護状態）にある対象家族を介護する労働者です。

　「対象家族」に含まれるのは、①配偶者（事実婚を含む）、②父母および子（養父母および養子を含む）、③配偶者の父母、④祖父母・兄弟姉妹・孫です。

　また、「労働者」に含まれるのは、ⓐ雇用期間の定めのない労働者（正社員）、ⓑ介護休業の申出をする際に一定の条件を満たしている雇用期間の定めのある労働者（有期雇用労働者）です。日々雇用の労働者（日雇い労働者）は含まれません。そして、ⓑの「一定の条件」とは、介護休業の取得予定日から起算して93日を経過する日から6か月を経過する日までに契約期間が満了し、更新されないことが明らかで

ないことをいいます。

● 常時介護を必要とする状態とは

　要介護状態として認められるためには、対象家族が「常時介護を必要とする状態」であることが必要です。「常時介護を必要とする状態」については、厚生労働省の定める「常時介護を必要とする状態に関する判断基準」（次ページ表）を参照しつつ、判断することになります。

　ただし、この基準に厳密に従うことにとらわれて、労働者の介護休業の取得が制限されてしまうことのないように、事業主は柔軟に運用することが望まれています。

　なお、ここでいう「常時介護を必要とする状態」は、介護保険制度の要介護度とは別の判断基準となります。介護保険制度の要介護度の認定は、次ページの判断基準および介護をする家族等の状況を勘案して、介護認定審査会により総合的に判定されます。

　そして、「常時介護を必要とする状態」とは、以下の@またはⓑのいずれかに該当する場合とされています。

@　介護保険制度の要介護状態区分において要介護２以上であること。

ⓑ　次ページ表の状態①から⑫のうち、２が２つ以上または３が１つ以上該当し、かつ、その状態が継続すると認められること。

■ 介護休業のしくみ ……………………………………………………

内容	労働者が、要介護状態にある家族の介護が必要な場合に、事業主に申し出ることによって休業期間を得ることができる制度
取得対象者	２週間以上にわたって常時介護を必要とする「要介護状態」にある対象家族を介護する労働者
取得手続き	原則として、休業開始予定日の２週間前の日までに申し出る
取得回数	原則として対象家族１人につき、要介護状態に至るごとに最大３回に分けて取得ができる

■ 常時介護を必要とする状態に関する判断基準 ……………………

項目　　　　　状態	1	2	3
①座位保持（10分間一人で座っていることができる）	自分で可	支えてもらえればできる	できない
②歩行（立ち止まらず、座り込まずに5m程度歩くことができる）	つかまらないでできる	何かにつかまればできる	できない
③移乗（ベッドと車いす、車いすと便座の間を移るなどの乗り移りの動作）	自分で可	一部介助、見守り等が必要	全面的介助が必要
④水分・食事摂取	自分で可	一部介助、見守り等が必要	全面的介助が必要
⑤排泄	自分で可	一部介助、見守り等が必要	全面的介助が必要
⑥衣類の着脱	自分で可	一部介助、見守り等が必要	全面的介助が必要
⑦意思の伝達	できる	ときどきできない	できない
⑧外出すると戻れない	ない	ときどきある	ほとんど毎日ある
⑨物を壊したり衣類を破くことがある	ない	ときどきある	ほとんど毎日ある
⑩周囲の者が何らかの対応をとらなければならないほどの物忘れがある	ない	ときどきある	ほとんど毎日ある
⑪薬の内服	自分で可	一部介助、見守り等が必要	全面的介助が必要
⑫日常の意思決定	できる	本人に関する重要な意思決定はできない	ほとんどできない

12 介護休業について知っておこう

労働者と要介護者の状況を考慮して介護休業の制度が実施されている

● どんな制度なのか

　介護休業は、労働者が、要介護状態にある家族を介護することが必要な場合に、事業主に申し出ることによって休業期間を取得することができる制度です。事業主は、法定の要件を満たす労働者から「介護休業したい」との申出を受けると、たとえ繁忙期や人手不足、経営難などの事情があっても、原則としてこれを拒否したり、休業期間を変更するといったことはできません。また、介護休業を取得したことを理由に解雇したり、就業させないなどの不利益な取扱いをすることも禁じられています。ただし、介護休業期間中は、事業主に賃金を支払う義務はありません。

● 取得のための要件とは

　介護休業の対象となる労働者の要件については、236ページで述べたとおりです。ただし、次の条件に該当する労働者については、介護休業の取得が認められない労働者について定める労使協定を締結することによって、その対象から除外することができます。
・その事業主に継続して雇用された期間が１年に満たない者
・育児休業の申出があった日から93日以内に雇用関係が終了することが明らかな者
・１週間の所定労働日数が２日以下の者
　なお、労働者が介護休業の取得を求める場合は、原則として休業開始予定日の２週間前の日までに、事業主にその旨を申し出ることが必要とされています。

● 要介護状態の対象家族１人につき３回までの申出

　介護休業の申出は、原則として対象家族１人につき、３回まで、通算して93日まで行うことができます。

● 申出書提出や手続きの流れ

　介護休業を希望どおり取得するためには、まず、労働者が原則として休業開始予定日の２週間前の日までに申出をします。

　申出の方法については、法律上は特に定められていませんが、できれば事業主がひな型を準備するなどしておき、書面によって行う方がよいでしょう。書面には、労働者と対象家族との続柄や、介護を必要とする理由、休業期間などを記入します。

　対象家族が要介護状態にある事実や、同居・扶養の事実などについては、申出書に記載するだけでもよいとされていますが、事業主が必要と判断する場合には、その旨を証明する書面を添付するように請求することができます。申出を受けた事業主は、次の内容を記載した書面（労働者が希望する場合はFAXや電子メールでもよい）を速やかに交付するよう義務付けられています。

①　介護休業の申出を受けた旨

②　介護休業開始予定日及び介護休業終了予定日

③　介護休業の申出を拒む場合は、その旨及びその理由

● 終了日の繰下げ変更について

　介護休業の終了予定日は、介護休業の申出の時点で、労働者から事業主に申告しておく必要があります。ただ、介護がどの程度の期間必要であるかは、申出の時点では明確でないことも多いため、終了予定日の２週間前までに申出をする場合には、事由を問わず１回の申出ごとに１回だけ終了予定日の繰下げ変更をし、介護休業の期間を延長することが認められています。

介護休暇について知っておこう

短期間の介護が必要な際に活用できる

● 介護休暇について

　介護休暇とは、1年度（事業主が特段の定めをしていなければ4月1日から翌3月31日まで）につき、要介護状態にある対象家族が1人であれば5日間、2人以上であれば10日間、その介護や世話をするための休暇を取得できる制度です。たとえば、ヘルパーが急な都合で来られなくなった場合など、短期間の介護や世話が必要になったときに介護休暇を取得することが考えられます。

　子の看護休暇（232ページ）と同じく、介護休暇は1日単位で取得する他に、時間単位（1時間単位）で取得することも可能です。

● どんな人が対象なのか

　介護休暇を取得できるのは、要介護状態にある対象家族を介護または世話をする労働者です。ここでの「世話」には、通院の付き添いや対象家族が介護サービスの提供を受けるために必要な手続の代行などが含まれます。介護休暇を取得するためには、事業主（会社）に対して対象家族が要介護状態にある事実や介護休暇を取得する年月日を明らかにして申出をすることが必要です。

　そして、日々雇用される者（日雇い労働者）以外の労働者は、無期雇用者であるか有期雇用者であるかを問わず、介護休暇の取得が認められます。ただし、次のいずれかの条件に該当する者については、労使協定を締結することで、介護休暇の対象者から除外できます。

・同じ事業主に継続して雇用された期間が6か月未満の労働者
・1週間の所定労働日数が2日以下の労働者

・時間単位で介護休暇を取得することが困難と認められる業務に従事する労働者（１日単位での取得は可能）

◉ どのような手続きが必要なのか

　介護休暇の対象労働者が介護休暇を取得するには、次の事項を明らかにして、事業主（会社）に申出をしなければなりません。この申出は書面に限らず、口頭で行うこともできます。また、当日に申し出ることも可能です。

・対象家族の氏名と労働者との続柄
・対象家族が要介護状態にある事実
・介護休暇を取得する年月日

　事業主は、介護休暇の取得に関する事実を証明することができる書類の提出を労働者に対して求めることができます。

　そして、労働者が育児・介護休業法が定める手続きに従い、介護休暇の取得を申し出た場合、申出を受けた事業主は、経営困難や繁忙期など、どのような事情があっても、その申出を拒否したり、休暇取得日を変更したりすることはできません。

■ 介護休暇のしくみ ··

取得対象者	要介護状態にある対象家族の介護や世話をする労働者
取得できない労働者	・日雇い労働者は取得できない ・継続雇用期間が６か月未満の者、１週間の所定労働日数が２日以下の者などは、労使協定で対象外にできる
取得手続き	・対象家族との続柄など、一定の事項を明らかにして申し出る（口頭でも可） ・当日に申し出ることも可
取得日数	１年度あたり、要介護状態にある対象家族が１人であれば５日間、２人以上であれば10日間

14 介護のための勤務時間の制限について知っておこう

働いている間も介護の時間を確保できるよう配慮する

● 時間外労働の制限や所定外労働の制限がある

　要介護状態の対象家族を介護している労働者が請求した場合、事業主（会社）は、事業の正常な運営を妨げる場合を除き、制限時間（1か月について24時間、1年について150時間）を超えて時間外労働をさせることはできません。ただし、①日雇い労働者、②継続雇用期間が1年未満の労働者、③1週間の所定労働日数が2日以下の労働者は、時間外労働の制限を請求できないとされています。

　また、要介護状態の対象家族を介護している労働者（日雇い労働者を除く）が請求した場合、事業主は、事業の正常な運営を妨げる場合を除き、所定外労働を制限しなければなりません。ただし、ⓐ継続雇用期間が1年未満の労働者、または、ⓑ1週間の所定労働日数が2日以下の労働者を、労使協定によって所定外労働の制限の対象外にすることができます。

● 深夜業も制限されている

　要介護状態の対象家族を介護している労働者が請求した場合、事業主（会社）は、事業の正常な運営を妨げる場合を除き、深夜業（午後10時から午前5時までの労働）をさせることはできません。ただし、①日雇い労働者、②継続雇用期間が1年未満の労働者、③1週間の所定労働日数が2日以下の労働者、④深夜において常態として対象家族を介護できる同居の家族その他の者がいる労働者、⑤所定労働時間の全部が深夜の時間帯と重なる労働者は、深夜業の制限を請求できないとされています。

● 使用者に請求することから始まる

　時間外労働の制限、所定外労働の制限、深夜業の制限は、要介護状態の対象家族を介護している労働者から事業主への請求によって始まります。具体的には、制限の開始予定日の1か月前までに、書面（事業主が適当と認める場合はFAXや電子メールなどでもよい）によって請求を行わなければならないとされています。

　また、時間外労働の制限期間や所定外労働の制限期間は、1回の請求につき1か月以上1年以内、深夜業の制限期間は、1回の請求につき1か月以上6か月以内とされています。

　そして、請求時に申請した制限期間の終了日の他、次の①または②のいずれかの事情が発生した場合も制限期間が終了します。下記の①の事情が発生した場合（対象家族の介護をしないことになった場合）、労働者は、事業主への報告が義務付けられています。

①　対象家族の介護が以下のいずれかの事情により不要になった、またはできなくなった場合

・対象家族が死亡した

・離婚、婚姻の取消し、離縁、養子縁組の取消しなどの事情により、対象家族と労働者の親族関係が消滅した

・制限を請求した労働者自身がケガや病気などにより心身に支障をきたし、対象家族を介護できない状態になった

②　制限を請求した労働者自身が産前産後休業、育児休業（産後パパ育休）または介護休業を取得した場合

● 勤務時間を短縮するなどの措置が必要になる

　育児・介護休業法では、要介護状態の対象家族を介護する労働者の仕事と介護の両立の支援を目的として、事業主に対し、以下の措置をとることを義務付けています（勤務時間短縮措置等）。対象家族を介護する労働者は、介護休業とは別に、対象家族1人につき、利用開始

の日から連続する3年以上の期間で2回以上利用できます。その他、事業主が転勤命令などをする場合、介護を行う労働者に対し、転勤による影響について配慮しなければなりません。

・短時間勤務の制度を設ける
・フレックスタイム制度を設ける
・時差出勤制度（始業・就業の時刻の繰上げ・繰下げ）を設ける
・労働者に代わって介護を行うサービスを利用するために必要な費用を助成する

　事業主が、介護休業、介護休暇、時間外労働の制限、所定外労働の制限、深夜業の制限、勤務時間短縮措置等について、その申出や取得などを理由に、労働者に対して解雇その他不利益な取扱いをすることは許されません。

■ 介護のための勤務時間制限措置 ·································

時間外労働の制限 所定外労働の制限	要介護状態にある対象家族を介護している労働者が請求した場合、事業主は、事業の正常な運営を妨げる場合を除き、制限時間を超える時間外労働をさせることができず、または所定外労働を免除しなければならない
深夜業の制限	要介護状態にある対象家族を介護している労働者が請求した場合、事業主は、事業の正常な運営を妨げる場合を除き、深夜業をさせることはできない
勤務時間短縮措置等の導入	・介護休業とは別に、利用開始から3年以上の期間について、労働者が就業しつつ対象家族を介護することが容易になるような勤務時間短縮措置等をとり、2回以上利用できるようにしなければならない ・家族が要介護状態になくても、家族を介護する労働者に勤務時間短縮措置等をとるように努めなければならない

産休中や育児・介護休業、看護休暇中の賃金はどうなるのか

無給や支払義務のない場合がある

● 育児休業中の賃金の支払義務はない

育児休業中の賃金も、労使間の取り決めにまかされており、会社側に支払義務はありません。会社として、育児休業を取得した労働者の賃金を保障することは自由です。

育児休業を取得した人に対しては、雇用保険から育児休業給付金が支給されます。育児休業給付金の支給額は、1日あたり育児休業開始時賃金日額の67％（休業開始から180日経過後は50％）相当額となっています。

育児休業期間中の社会保険料は、申請により本人分と事業主負担分ともに免除されます。社会保険料の免除の制度は、賞与についても適用されます。

● 介護休業ができる期間と介護期間中の賃金

介護休業をした労働者に賃金を支払うかどうかも、労使間の取り決めにまかされており、会社側に支払義務はありません。ただし、介護休業の取得者に対しては、雇用保険から介護休業給付（1日あたり介護休業開始時賃金日額の67％相当額）が支給されます。

なお、要介護状態である対象家族の介護や世話のために取得できる介護休暇制度（1年度につき、要介護状態の対象家族が1人であれば5日、2人以上であれば10日）がありますが、介護休暇の取得日については、雇用保険からの支給がありません。

● 子の看護休暇、介護休暇中は無給でもよい

　子の看護休暇や介護休暇（以下「看護休暇等」という）の取得によって勤務しなかった日の賃金の取扱いは、育児休業や介護休業と同様に、有給とするか無給とするかは各会社の自由です。

　一方、年次有給休暇に関する出勤日の算定については、育児休業や介護休業とは取扱いが異なり、看護休暇等により欠勤した日を出勤したとみなすことが法律上義務付けられてはいません。ただ、出勤が困難な事情があったのですから、会社は、労働者が看護休暇等を取得した日を「全労働日」から除くといった措置をとるべきでしょう。

　会社は、従業員が看護休暇等の申出をし、または看護休暇等を取得したことを理由として、解雇その他不利益な取扱いをしてはいけません。不利益な取扱いとは、勤務しなかった日数分を超えて賃金を減額したり、賞与や昇給などで不利益な算定を行うことなどです。

■ 産前産後休業における保険料免除期間の一例 ……………………

例：出産予定日かつ出産日が6月30日の場合

5月	6月	7月	8月
5/20 〜 6/30		7/1 〜 8/25	
産前休業		産後休業	

産後休業終了予定日の翌日の月の前月＝8/26の前月

5月分〜7月分の保険料が免除される

【監修者紹介】
小島 彰（こじま あきら）
1957年生まれ。石川県出身。特定社会保険労務士（東京都社会保険労務士会）。就業規則等の作成から労働保険・社会保険の手続き業務といった代行業務、労務相談、IPO（株式上場）支援コンサルテーション、労務監査などを数多く手掛けている。労務相談については、企業側からの相談に留まらず、労働者側からの相談も多い。また、IPO（株式上場）のコンサルティングにおいては、昨今のIPOでの労務関係の審査の厳格化に対応するための適切な指導を行っている。IPO関連のセミナーの実績多数。
著作に、『改訂新版　労働安全衛生法のしくみ』『出産・育児・介護のための休業・休暇の法律手続きと実務書式』『労務管理の法律知識 実践マニュアル』『就業規則の作り方と社内規程サンプル集』『入管法・出入国管理申請と外国人雇用の法律知識』（監修、小社刊）などがある。

こじまあきら社会保険労務士事務所
会社の設立時の新規適用申請から労働保険・社会保険の手続き代行、給与計算代行、就業規則の新規作成および改正業務、その他労務関連の諸規定の整備、IPO（株式上場）労務コンサルテーションなど幅広く対応している。また、電話とメールを活用した相談サービスやセミナー講師、原稿執筆なども積極的に行っている。
ホームページ　http://www.kojimaakira-sr.com

事業者必携
入門図解　2024年問題に対応！
労働時間・休日・休暇・休業の法律と手続き

2024年2月29日　第1刷発行

監修者	小島彰
発行者	前田俊秀
発行所	株式会社三修社
	〒150-0001　東京都渋谷区神宮前2-2-22
	TEL　03-3405-4511　FAX　03-3405-4522
	振替　00190-9-72758
	https://www.sanshusha.co.jp
印刷所	萩原印刷株式会社
製本所	牧製本印刷株式会社

©2024 A. Kojima Printed in Japan
ISBN978-4-384-04934-3 C2032